Eckhard Hagedorn

Der Hebräerbrief

Eine Ansage gegen die Mutlosigkeit

BRUNNEN
Verlag GmbH · Giessen

Der Autor: Dr. Eckhard Hagedorn, Jg. 1954, war nach verschiedenen Studienphasen als Jugendreferent im Schwarzwald, später als Gemeindepfarrer in Nordbaden und schließlich als Dozent für Neues Testament am Theologischen Seminar Chrischona tätig. Seit 45 Jahren ist er mit Gerlinde verheiratet; die beiden haben fünf Kinder und leben in Sulzburg bei Freiburg. Seit 2019 ist er aus Altersgründen und Überzeugung Rentner. Zwei seiner Bücher machen Werbung für die Bibel. Ein drittes hat den Beginn der Erweckung in Baden im 19. Jahrhundert zum Thema. Sein gegenwärtiges Interesse gilt besonders Zusammenhängen zwischen Bibelexegese, Kirchengeschichte und Spiritualität.

Konzeption und Text: Eckhard Hagedorn
Lektorat: Susanne Baum

Aus Gründen der besseren Lesbarkeit wird im Folgenden zumeist das generische Maskulinum verwendet, z. B. „Christen“. Die Entscheidung für diese Schreibweise beinhaltet keine Wertung. In der Sache sind natürlich immer beide Geschlechter gemeint.

2. Auflage 2026

Gottlieb-Daimler-Str. 22, 35398 Gießen
info@brunnen-verlag.de
www.brunnen-verlag.de

Umschlagmotiv: Adobe Stock
Umschlaggestaltung: Jonathan Maul
Satz: Uhl + Massopust, Aalen
Herstellung: Arka-Druk, Polen
ISBN 978-3-7655-0833-2

Inhalt

Verzeichnis der Abkürzungen

Altes Testament

1 Mo	Das erste Buch Mose
2 Mo	Das zweite Buch Mose
3 Mo	Das dritte Buch Mose
4 Mo	Das vierte Buch Mose
5 Mo	Das fünfte Buch Mose
Jos	Das Buch Josua
Ri	Das Buch über die Richter
Ruth	Das Buch Ruth
1 Sam	Das erste Buch Samuel
2 Sam	Das zweite Buch Samuel
1 Kön	Das erste Buch über die Könige
2 Kön	Das zweite Buch über die Könige
1 Chr	Das erste Buch der Chronik
2 Chr	Das zweite Buch der Chronik
Esra	Das Buch Esra
Neh	Das Buch Nehemia
Est	Das Buch Esther
Hiob	Das Buch Hiob
Ps	Die Psalmen
Spr	Die Sammlung der Sprüche
Pred	Der Prediger Salomo
Hld	Das Hohelied
Jes	Der Prophet Jesaja
Jer	Der Prophet Jeremia
Klgl	Die Klagelieder
Hes	Der Prophet Hesekiel
Dan	Der Prophet Daniel
Hos	Der Prophet Hosea
Joel	Der Prophet Joel
Am	Der Prophet Amos
Ob	Der Prophet Obadja
Jona	Der Prophet Jona
Mi	Der Prophet Micha
Nah	Der Prophet Nahum
Hab	Der Prophet Habakuk
Zef	Der Prophet Zefanja
Hag	Der Prophet Haggai
Sach	Der Prophet Sacharja
Mal	Der Prophet Maleachi

Neues Testament

Mt	Das Evangelium nach Matthäus
Mk	Das Evangelium nach Markus
Lk	Das Evangelium nach Lukas
Joh	Das Evangelium nach Johannes
Apg	Die Apostelgeschichte
Röm	Der Brief des Paulus an die Christen in Rom
1 Kor	Der erste Brief des Paulus an die Christen in Korinth
2 Kor	Der zweite Brief des Paulus an die Christen in Korinth
Gal	Der Brief des Paulus an die Christen in Galatien
Eph	Der Brief des Paulus an die Christen in Ephesus
Phil	Der Brief des Paulus an die Christen in Philippi
Kol	Der Brief des Paulus an die Christen in Kolossä
1 Thess	Der erste Brief des Paulus an die Christen in Thessalonich
2 Thess	Der zweite Brief des Paulus an die Christen in Thessalonich
1 Tim	Der erste Brief des Paulus an Timotheus
2 Tim	Der zweite Brief des Paulus an Timotheus
Tit	Der Brief des Paulus an Titus
Phlm	Der Brief des Paulus an Philemon
Hebr	Der Brief an die Hebräer
Jak	Der Brief des Jakobus
1 Petr	Der erste Brief des Petrus
2 Petr	Der zweite Brief des Petrus
1 Joh	Der erste Brief des Johannes
2 Joh	Der zweite Brief des Johannes
3 Joh	Der dritte Brief des Johannes
Jud	Der Brief des Judas
Offb	Die Offenbarung an Johannes

Fragen zu diesem Kurs

Zielsetzung

1. Worum geht es in diesem Kurs? Um drei Ziele, die alle wichtig sind:

a. Nahrung für die Seele. – „Der Mensch lebt nicht vom Brot allein, sondern von jedem Wort, das Gott spricht." In seinem Wort stellt Gott sich uns vor. Hier können wir ihn kennenlernen. Wer mehr über Gott und den christlichen Glauben erfahren will, muss sich mit der Bibel beschäftigen. Wer als Christ im Glauben wachsen will, muss sich aus dem Wort Gottes „ernähren".

b. Gemeinschaft. – Im Gespräch über Glaubensfragen und Lebenserfahrungen kommen wir einander näher und können zu einer Gemeinschaft zusammenwachsen, in der man sich im Alltag und im Glauben gegenseitig trägt und unterstützt.

c. Wachstum. – Dieser Kurs wendet sich auch an Menschen, die bisher mit dem christlichen Glauben noch wenig in Berührung gekommen sind. Wenn Sie immer wieder andere zu Ihren Treffen einladen, kann die Gruppe wachsen, bis eine Teilung nötig wird. Beide neuen Kreise sollen ebenso wachsen, bis sie zu groß sind und sich teilen – und so weiter.

Teilnehmer

2. Für wen soll dieser Gesprächskreis sein?

- Für Menschen, die Fragen an das Leben haben und wissen möchten, ob der christliche Glaube ihnen weiterhelfen kann.
- Für Menschen, die sich – neu oder wieder – intensiver mit dem christlichen Glauben beschäftigen wollen.
- Für Menschen, denen Kirche und Glauben fremd geworden sind, die aber nach einem neuen Zugang zum Glauben suchen.
- Für Christen, die die Bibel besser kennenlernen und tiefer verstehen wollen.
- Für Menschen, die im Gespräch über Glaubensfragen und durch das Gebet füreinander in ihrem Glauben wachsen möchten.
- Für Menschen, die mit Schwierigkeiten und Problemen zu kämpfen haben und eine Gruppe suchen, die Unterstützung und Zusammenhalt bieten kann.

Der erste Schritt

3. Wie sollen wir anfangen? Machen Sie sich eine Liste mit den Namen, die Ihnen jetzt als mögliche Teilnehmer einfallen. Hängen Sie die Liste an einen Platz, an dem Ihr Blick immer wieder einmal darauffällt. Lassen Sie sie dort, bis Sie alle, die Sie auf Ihrer Liste notiert haben, gefragt haben, ob sie Interesse an einem solchen Gesprächskreis haben.

Das erste Treffen

4. Was geschieht beim ersten Treffen? Sie lernen einander als neue Gruppe kennen bzw. begrüßen neue Mitglieder, wenn Ihre Gruppe schon länger besteht. Sie sprechen über Ihre Erwartungen an diesen Kurs und vereinbaren „Spielregeln", die in der Gruppe gelten sollen.

Spielregeln

5. **Wie entsteht die Vereinbarung über die Spielregeln?** Sprechen Sie über die folgenden Fragen und notieren Sie die Punkte, bei denen Sie Einigung erzielen. So können Sie am Ende des Kurses gut beurteilen, ob Sie Ihre Ziele erreicht haben.

- Was ist der Zweck Ihrer Treffen?
- Wie oft wollen Sie sich treffen? (Dieser Kurs bietet Ihnen Gesprächsanregungen für elf Treffen. Wenn Sie danach weiterhin zusammenkommen wollen, verlängern Sie einfach Ihre Abmachung.)
- Wo wollen Sie sich treffen?
- Um welche Uhrzeit sollen die Treffen beginnen, und wie lange sollen sie dauern?
- Welchen Rahmen wollen Sie Ihren Treffen geben? Soll es Getränke und etwas zum Knabbern geben? Wer ist dafür zuständig?

Hilfreich ist es, wenn Sie außerdem **Regeln für das Gespräch in der Gruppe** vereinbaren. Dazu könnten folgende Vereinbarungen gehören:

- Was in diesem Kreis gesagt wird, ist vertraulich und wird nicht nach außen getragen.
- Wir reden nicht übereinander, sondern miteinander.
- Gesprächsbeiträge werden nicht bewertet; jeder Teilnehmer wird mit seiner Meinung ernst genommen.
- Es gibt keine „unmöglichen" Positionen. Wenn es Meinungsunterschiede gibt, begründet jeder seine eigene Sicht.

- ______________________________
- ______________________________
- ______________________________

Sie können ergänzen, was Ihnen sonst noch für Ihre Gruppe wichtig zu sein scheint.

Zeitlicher Rahmen

6. **Wie lange dauert ein Treffen?** Die Mindestzeitangaben für die einzelnen Bausteine des Treffens sind für Gruppen gedacht, die nur eine Stunde zusammen sein können. Wenn Sie mehr Zeit zur Verfügung haben, verlängern Sie die angegebenen Zeiten entsprechend.

7. **Warum verabreden Sie sich zunächst nur für eine bestimmte Anzahl von Treffen?** Weil es leichter ist, sich für einen überschaubaren Zeitraum für eine Sache zu entscheiden und sie wirklich durchzuhalten, als eine Verpflichtung auf unbestimmte Zeit einzugehen. Wenn Sie nach Abschluss des Kurses weiter als Gruppe zusammenbleiben wollen – umso besser.

Gesprächsinhalt

8. **Was wird bei den Treffen besprochen?** Der Hebräerbrief ist Briefseelsorge an Glaubenden, von denen keineswegs sicher ist, dass sie weiterhin Jesus vertrauen werden. Er bietet uns reichlich Gelegenheit, eine Klarheit und Fairness wahrzunehmen, die nichts beschönigt, aber den Mutlosen mit auffallend großer Hoffnung begegnet. So bekommen wir die Möglichkeit, auch über eigene Krisen zu sprechen, ohne im Austausch darüber noch tiefer in ihnen zu versinken.

Die „Spezialität" des Hebräerbriefs im Neuen Testament: Er zeigt uns Jesus als den Hohenpriester, durch den Gott endgültig und unüberbietbar zu unseren Gunsten gehandelt hat. Indem wir uns diese Seelsorge gefallen lassen, werden wir gleichzeitig gründlicher mit dem Alten Testament bekannt.

Das Inhaltsverzeichnis bietet eine Übersicht über die Texte und Themen.

Vielleicht möchten Sie auch ein zusätzliches Treffen einplanen, in dem Sie sich gemeinsam mit den Spielregeln für diese Gruppe und der Einführung zum Thema *Hebräerbrief* beschäftigen.

Bibelkenntnis

9. Und wenn jemand in der Gruppe wenig von der Bibel weiß? Prima! Dafür ist die Gruppe ja da. Die ERLÄUTERUNGEN geben Ihnen Hinweise zum Verständnis größerer Zusammenhänge, einzelner Ausdrücke, geschichtlicher Hintergründe oder wichtiger Personen im Text. Greifen Sie immer dann auf die Erläuterungen zurück, wenn der Sinn des Textes sich nicht von selbst erschließt.

Bibel dabeihaben. Die Texte, auf die sich dieses Heft bezieht, sind in den einzelnen Einheiten abgedruckt. Weil aber auch immer wieder auf weitere biblische Zusammenhänge verwiesen wird, ist es gut, wenn die Teilnehmer auch eine Vollbibel dabeihaben, um entsprechende Stellen nachschlagen zu können.

„Hausaufgaben"

10. Was muss ich sonst noch tun? Nichts, wenn Sie nicht wollen. Aber Sie können über das hinausgehen, was in der Gruppe besprochen wird. Nicht immer werden Sie alle ***Erläuterungen*** gemeinsam in der Gruppe lesen und diskutieren können. Wenn Sie die Zusatzinformation voll ausschöpfen möchten, haben Sie dafür zwei Möglichkeiten:

- Lesen Sie Text und Erläuterungen vorbereitend zu Hause. Oder:
- Vertiefen Sie das Gespräch über einen Text im Anschluss an Ihr Gruppentreffen. Lesen Sie den Text noch einmal im Zusammenhang und nehmen Sie sich Zeit, die Erläuterungen zu studieren.

Der Traum

11. Der Traum, der dahintersteckt: Menschen treffen sich und wachsen zu einer tragfähigen Gemeinschaft zusammen, in der jeder eine Heimat findet und in seinen Freuden und Schwierigkeiten angenommen ist. Menschen kommen zusammen, reden über ihr Leben und ihren Glauben und begegnen der Bibel – egal, ob sie Kirchenmitglieder sind, vom Glauben bisher viel oder wenig wissen, ob sie Christen sind oder nicht.

Serendipity

12. Was heißt Serendipity? „Das Geschenk, zufällig glückliche Entdeckungen zu machen." Genau darum geht es beim Kursmaterial „Serendipity Bibel": Menschen kommen ins Gespräch über das Leben und den Glauben, tauschen Erfahrungen aus, setzen sich mit Fragen nach Gott und der Welt, nach Glaube und Bibel auseinander und machen dabei – möglicherweise ganz unvermutet – wertvolle Entdeckungen für ihr Leben.

Hinweise für Gruppenleiter

13. Weitergehen. Weitere Kurshefte zu vielen biblischen Themen finden Sie auf unserer Homepage: https://www.brunnen-verlag.de/serendipity

Wie verläuft ein Treffen?

Jedes Treffen besteht aus vier Teilen:

1. EINSTIEG (15–20 Minuten)

Der Einstieg bietet Hilfen an, um sich untereinander kennenzulernen und ins Gespräch zu kommen. Die Impulse in diesem Teil zielen darauf ab, mehr voneinander zu erfahren, damit gute Beziehungen untereinander wachsen können.

2. BIBELGESPRÄCH (30–40 Minuten)

Lesen Sie den Bibeltext zunächst gemeinsam. Die Fragen in diesem Teil beziehen sich auf den Bibeltext bzw. das Thema der Gesprächseinheit. Sie helfen, den Bibeltext zu erschließen, und geben Ihnen einen Leitfaden für Ihr Gespräch. Greifen Sie immer dann auf die *Erläuterungen* zurück, wenn der Sinn des Textes sich nicht von selbst erschließt.

Sie werden vielleicht nicht alle Fragen in der zur Verfügung stehenden Zeit ansprechen können. Wählen Sie dann einfach die aus, die Ihrer Gruppe am wichtigsten erscheinen.

Wenn Ihre Gruppe recht groß ist, können Sie auch überlegen, ob Sie sich für das Bibelgespräch – immer oder hin und wieder – in kleinere Gruppen (etwa zu viert) aufteilen. Das gibt jedem Einzelnen die Möglichkeit, häufiger zu Wort zu kommen.

Wichtig: Zu manchen Fragen möchten Sie sich vielleicht nicht in der Gruppe äußern. Geben Sie aber Ihre Antwort für sich persönlich. Natürlich hat jeder die Freiheit, nur das mitzuteilen, was er wirklich möchte.

3. AUSTAUSCH UND GEBET (15–30 Minuten)

Hier ist Gelegenheit, den Text noch einmal ganz persönlich auf sich wirken zu lassen und, wenn Sie möchten, persönliche Anliegen anzusprechen. Dieser Austausch und das gemeinsame Gebet füreinander dienen ganz entscheidend dem Zusammenwachsen und dem Aufbau einer tragfähigen Gemeinschaft.

Die *Mindestzeitangaben* sind für Gruppen gedacht, die nur eine Stunde zur Verfügung haben. Wenn Sie mehr Zeit haben, verlängern Sie die angegebenen Zeiten entsprechend.

4. Konkrete Schritte

Diese Impulse und Anregungen sollen dazu dienen, das Gelernte außerhalb des Abends, oder während der Woche im Alltag zu vertiefen und umzusetzen.

Einführung: Ein Dokument mit ganz besonderem Charakter

Er hätte einen **Fairnesspokal** verdient.

Sicher, in *jedem* neutestamentlichen Brief geht es fair zu. Nirgendwo wird mit Christen gerechnet, die dauernd in Hochform sind. Aber ein Brief, der 303 Verse lang **darum kämpft, dass die Adressaten überhaupt noch Christen bleiben,** der nüchtern damit rechnet, sie könnten sich von Jesus verabschieden, und der doch randvoll ist mit Hoffnung, das ist selbst innerhalb des Neuen Testaments etwas Besonderes.

Da hat einer **genau hingeguckt** und wackelige Knie gesehen, Hände, die nicht mehr zupacken können, Augen, die nicht mehr zu Jesus aufsehen, Hoffnung, die ins Exil wandert. Er hat aber auch genau ins Alte Testament geguckt und **präsentiert den Wackelkandidaten jetzt Jesus als den vollkommenen Hohepriester.** Von dem kann man doch nicht im Ernst wegwollen!

Es kann durchaus wieder anders werden, sogar besser als vorher. Jesus könnte neu sehenswert werden, und die müden Knochen könnten wieder Kraft kriegen. Der Marathon des Glaubens könnte mit einem Sieg enden.

Was haben wir da vor uns?

Der Hebräerbrief **beginnt nicht wie ein Brief.** Er hat keine Absenderangabe, keine Adressatenangabe, keinen Gruß (vgl. für die Paulusbriefe z. B. 1 Thess 1,1). Ist das überhaupt ein Brief? Viele sagen Nein.

Er wirkt und ist **sehr durchstrukturiert.** Man könnte ihn deshalb für eine theologische Abhandlung halten, für eine Predigt, für einen christlich überarbeiteten Synagogenvortrag, eine antike Mahnrede oder eine Aneinanderreihung christlicher Lehrvorträge.

Andererseits: Er **hört** so **auf wie ein Brief** aufzuhören pflegt (13,18-25).

Wer den Hebräerbrief einen **Brief** nennt, kann sich auf diesen Schluss berufen. Er muss aber anerkennen, dass der größte Teil des Briefes nicht in so kurzer Zeit vorbereitet und geschrieben worden sein kann, wie man normalerweise einen Brief schreibt. Was hier steht, lässt sich auch von einem theologisch und sprachlich Hochgebildeten nicht an einem Tag schreiben. Dieser Brief setzt **lang herangereifte Theologie** voraus, die aus konzentriertem Schriftstudium hervorgeht.

Wer den Hebräerbrief eine **Predigt** nennt, muss anerkennen, dass „normale" Predigten im 1. Jahrhundert wohl anders ausgesehen haben. Es ist unwahrscheinlich, dass diese Predigt je auf einmal mündlich gehalten worden ist. Dass hinter dieser schriftlichen Predigt mehrere mündliche stehen könnten, ist aber durchaus möglich.

Oder haben wir doch eine „rein theologische" **Abhandlung** vor uns? Aber die „ermahnenden" Abschnitte sind sehr zahlreich und deuten in dieselbe Richtung. Man muss deshalb auf jeden Fall **den Hebräerbrief von seinem spezifisch pastoralen, seelsorgerlichen Anliegen her verstehen.**

In diesem Anliegen geht der Brief aber nicht ohne Rest auf. Was hier über Jesus den Hohepriester und über das Verhältnis von Altem und Neuem Bund geschrieben worden ist, hat einen **„theologischen Überschuss"** über das konkret angesprochene Problem der Glaubensmüdigkeit.

Wer hat den Hebräerbrief geschrieben?

Wir begegnen hier einem der großen Seelsorger der Christenheit. Kein Wunder, dass man nach seinem Namen gefragt hat. Origenes, einer der brillantesten christlichen Intellektuellen des 2./3. Jahrhunderts, notierte: **„Wer tatsächlich den Hebräerbrief geschrieben hat, weiß nur Gott."**

Weiter sind wir seither nicht gekommen.

Viele hielten Paulus für den Verfasser. Schließlich ist ausdrücklich von seinem Mitarbeiter Timotheus die Rede (13,23), und wo Timotheus ist, kann Paulus nicht weit sein. Aber schon früh traten die Argumente gegen Paulus als Verfasser offen zutage. Der Hebräerbrief weist im Vergleich mit den Paulusbriefen deutliche Unterschiede in Sprache und Stil auf. Ein Briefanfang fehlt. Ebenso fehlt bei Paulus eine ausgesprochene Hohepriesterchristologie. Paulus passt nicht in die in Kap. 2,3 dargestellte Situation hinein. Dass **Paulus nicht der Verfasser** ist, setzte sich aber erst nach Jahrhunderten auf breiter Basis durch. Übrigens beansprucht der Brief selbst nirgends ausdrücklich, von Paulus geschrieben zu sein.

Viele **andere Kandidaten** wurden genannt, auch zwei Kandidatinnen: Maria, die Mutter Jesu und Priszilla (zusammen mit ihrem Mann Aquila), meist aber Männer: außer Paulus auch Barnabas, Apollos, Timotheus, Silas, Epaphras, Philippus (der aus der Apostelgeschichte, nicht der aus dem Zwölferkreis), Lukas. Für die Zeit danach wurde Clemens von Rom genannt.

Die meisten Vorschläge kommen daher, dass man sich auf ein oder mehrere Merkmale des Hebräerbriefs bezogen hat und von da aus gefragt hat, wer die jeweiligen Kriterien erfüllt. Einige Beispiele:

Lukas konnte gut Griechisch, wie wir aus seinem Evangelium und der Apostelgeschichte sehen. Das Griechisch des Hebräerbriefs ist eins der besten im Neuen Testament. Also könnte Lukas den Hebräerbrief des Paulus übersetzt haben.

Barnabas wird in Apg 4,36 „der, der andere ermutigt", genannt (LU: „Sohn des Trostes"); der Hebräerbrief ist nach 13,22 geschrieben, „um euch zu ermutigen". Im Griechischen steht jeweils dasselbe Wort (*paráklesis*). Außerdem wird Barnabas in Apg 14,14 zusammen mit Paulus und in 1 Kor 9,1-6 von Paulus „Apostel" genannt. Apostolische Verfasserschaft war ein wichtiges Kriterium, ob eine Schrift ins Neue Testament aufgenommen wurde oder nicht.

Luther schlug *Apollos* vor. Nach Apg 18,24 war der ein „glänzender Redner und besaß eine umfassende Kenntnis der Heiligen Schrift". Das passt zum Hebräerbrief.

Priscilla und Aquila waren so reife Christen, dass sie sogar Apollos Nachhilfeunterricht geben konnten (Apg 18,26). Sollte man ihnen nicht auch den Hebräerbrief zutrauen können?

Ergebnis: Hier ist **vieles nachvollziehbar**, aber **nichts** ist **spezifisch genug**. Man kann nie sagen, dass *nur* dieser Kandidat infrage kommt. Ein Plus an Wahrscheinlichkeit hat vielleicht Barnabas, und sicher haben die Adressaten den Verfasser gekannt (13,23). Auch wenn die Fahndung ohne gesichertes Ergebnis blieb: Sie zu kennen hilft, den Hebräerbrief genauer zu lesen, als man es ohne diese Hintergrundkenntnisse tun würde. Das ist viel wert.

An wen ist er gerichtet?

In **13,24** heißt es: „Die Geschwister aus Italien lassen euch grüßen." Kann man von hier aus die Empfänger bestimmen? Die Formulierung ist nicht eindeutig. Es kann sich um Leute handeln, die **von Italien aus** grüßen, aber auch um Leute, die aus Italien stammen, jetzt aber **von anderswo Grüße nach Italien** bestellen. Wahrscheinlicher ist die erste Möglichkeit. Sie erklärt auch die etwas unübersichtliche Geschichte besser, wie der Hebräerbrief ins Neue Testament fand.

Der Brief trägt heute die Überschrift „An (die) Hebräer". Sie ist nicht Teil des Briefes, aber früh hinzugefügt worden und resultiert sicher aus konkreten Kenntnissen. Es handelt sich um **Judenchristen**, so die durchgängige Meinung durch die Jahrhunderte hindurch. Seit einigen Jahrzehnten denkt man an **Heidenchristen**.

Es lohnt sich, den Brief zweimal zu lesen, einmal in der Annahme, er sei an Judenchristen gerichtet, einmal in der Annahme, er sei für Heidenchristen bestimmt. Mein Eindruck: Viele Details und der Brief als Ganzer werden verständlicher, wenn Judenchristen die Hauptadressaten sind.

Wann wurde der Hebräerbrief geschrieben?

- Im Brief des Clemens von Rom an die Gemeinde in Korinth, wahrscheinlich **96/97 n. Chr.**, vielleicht sogar deutlich früher geschrieben, wird der Hebräerbrief zitiert. Er muss also **vorher** geschrieben worden sein.
- Dass Timotheus erwähnt wird (13,23), setzt Bekanntschaft voraus. Die kann sich **frühestens** auf der sogenannten **Dritten Missionsreise** des Paulus um 53/55 ergeben haben.
- **Kap. 2,3** nennt eine Abfolge der Evangeliumsverkündigung, eine Kette von Personen, die Träger der Jesusüberlieferung waren: 1. Jesus, der Herr, 2. die, die ihn persönlich gehört hatten, 3. die, die das persönlich Gehörte als zuverlässiges Zeugnis „an uns weitergaben". Die dritte Stufe beziehen manche auf die **zweite oder dritte Generation**. Das ist möglich.
  Es kann sich aber auch um einen kurzen Zeitraum von wenigen Jahren handeln.
- Von den Adressaten wird in **Kap. 12,4** gesagt: „Bisher habt ihr in dem Kampf gegen die Sünde … nicht das Leben lassen müssen." Das setzt **Auseinandersetzungen** voraus, **die eine gewisse Zeit gedauert haben** müssen; wie lange, wissen wir nicht.
- Vor allem: Der Hebräerbrief argumentiert viel mit Stiftshütte, Opfer, Priester und Hohepriester. Im Jahr 70 n. Chr. zerstörten römische Soldaten den Tempel in Jerusalem. **Setzt der Hebräerbrief voraus, dass Opfer und Gottesdienst noch stattfinden?** Das könnten besonders 7,8; 9,6-7.9.13; 13,10 nahelegen. Der griechische Grundtext hat hier die Gegenwartsform.
  Dagegen könnte sprechen: Der Tempel selbst wird nicht erwähnt. In der Regel ist von der Stiftshütte die Rede. Aussagen im Präsens (Gegenwartsform) müssen außerdem nicht unbedingt etwas besagen, das gegenwärtig stattfindet. Auch haben wir Texte aus späterer Zeit, die einen ähnlichen Eindruck vermitteln, aber eindeutig nach 70 n. Chr. verfasst wurden, etwa von dem jüdischen Historiker Flavius Josephus.

Die meisten Ausleger datieren den Brief **zwischen 60 und 100 n. Chr.** Die Gesamtheit der Aussagen ist m. E. am besten zu verstehen, wenn der Brief **vor 70** geschrieben worden ist.

Wie kam der Hebräerbrief ins Neue Testament?

Der Weg des Hebräerbriefs ins Neue Testament, zu dem er jetzt **circa vier Prozent** beiträgt, ist ein **Hindernislauf** gewesen. Freilich kann man das auch bei anderen Schriften sagen. Aber anders als bei diesen, trennen sich beim Hebräerbrief der **östliche**, griechisch sprechende und der **westliche**, lateinisch sprechende Teil der Alten Kirche. Im Westen hält man den Hebräerbrief bis ins 4. Jahrhundert hinein nicht für paulinisch; der Osten neigt zu paulinischer Verfasserschaft. Die wird aber sehr unterschiedlich und meist schwach begründet und mit manchmal wackeligen Hilfskonstruktionen abgesichert. Heute sind diese Diskussionen zur Ruhe gekommen. Der Hebräerbrief gehört ins Neue Testament, und **seine seelsorgerliche Botschaft von Jesus, unserem Hohepriester, ist ein großer Gewinn.**

Was hat der Hebräerbrief bewirkt?

Der Hebräerbrief hat im Lauf der Jahrhunderte einen wirksamen Beitrag geliefert, **Altes und Neues Testament einander zuzuordnen.** Hier gibt es einerseits große Kontinuität und andererseits deutliche Unterschiedlichkeit. Die hängt damit zusammen, dass Gott, der vielmals und vielfältig durch die Propheten geredet hat, nun unüberbietbar im Sohn geredet hat (1,1-2).

Als großer Seelsorger machte der Hebräerbrief immer wieder die **überragende Bedeutung von Jesus Christus für alles Christsein** deutlich. Hier haben Ungezählte Mut zu einem standfesten Glauben gefunden. Das „Wort vom Kreuz“ (Paulus, 1 Kor 1,18, LU) warb hier als Wort vom Hohepriester, sich Gottes Vergebung anzueignen. Das „Ein für allemal“ (9,26; LU) machte klar, dass an dem, was Jesus für uns erlitten hat, nichts ergänzungs*bedürftig* und daher auch nichts ergänzungs*fähig* ist. Außerdem: Wo der Hebräerbrief aufmerksam gelesen wurde, entstand **Mut zu einer Minderheitenspiritualität.** Das verbindet ihn mit Schriften wie dem ersten Petrusbrief.

Andere legten den Hebräerbrief zur Seite: Er mache ihnen Angst und **bringe die Gnadenbotschaft** im Vergleich mit den anderen Schriften des Neuen Testaments **nur verkürzt zur Geltung**, besonders in 6,4-8 und 10,26-32. Dass Christen an einen Punkt kommen können, wo es keine Möglichkeit zur Rückkehr zu Jesus gibt, schien zu hart. **Luther** hat deshalb den Hebräerbrief hinter die Johannesbriefe **„strafversetzt“**. – Schon eine Schrift aus dem zweiten Jahrhundert, der **„Hirte des Hermas“**, schien in dieser Hinsicht barmherziger als der Hebräerbrief zu sein. Er hatte die **Möglichkeit einer „Zweiten Buße“** eingeräumt.

Gegenwärtig wirkt in der europäischen Kultur wohl alles Reden von Opfer und Sühne fremd. Sicher spielt hier ein **kulturelles Überlegenheitsgefühl** gegenüber der Vergangenheit mit. Religion ist für viele etwas rein Geistiges. Etwas so Materielles und Blutiges wie den Opferkult im Alten Testament hätte der Schreiber doch nicht übernehmen dürfen, um zu erklären, wer Jesus ist und was er bedeutet! Man kann den Spieß aber auch umdrehen und fragen, wo der Hebräerbrief **eine allzu vergeistigte Religiosität infrage stellt.** Also: Der Hebräerbrief **wartet** in vielen seiner wichtigsten Anliegen **darauf, neu angeeignet zu werden.**

Drei Hinweise, bevor es richtig losgeht:

- Weil der Brief dreizehn Kapitel hat, ist er für zehn bis elf Hauskreistreffen zu lang. Ich habe **einiges weggelassen**, nicht weil es unwichtig wäre, wohl aber weil man einiges selbst erarbeiten kann, wenn man vorher das meiste im Hauskreis durchgearbeitet hat.
- Außergewöhnlich ist gegenüber anderen Serendipity-Heften, dass die erste Einheit sich den letzten Versen des letzten Kapitels widmet. Das liegt daran, dass uns Kap. **13,22** eine **Leseanleitung** für den Hebräerbrief gibt. Man kann, wenn man mit dem Ende anfängt, sofort kapieren, worum es geht. Das hilft sehr, wenn man anschließend den Hebräerbrief ganz normal von vorne nach hinten liest.
- Die jeweiligen Erläuterungen zum Text des Hebräerbriefs in den Kapiteln 1 bis 11 stimmen in der Wortwahl an einzelnen Stellen mit meinen Ausführungen in der *Stuttgarter Erklärungsbibel: Lutherbibel mit Einführungen und Erklärungen* überein. (Stuttgarter Erklärungsbibel: Lutherbibel mit Erklärungen, © 2023 Deutsche Bibelgesellschaft, Stuttgart.) Was ich in der Erklärungsbibel erarbeitet habe, habe ich in diesem Serendipity-Heft für die Gemeindepraxis weiterentwickelt. Wer möchte, kann zur Vertiefung gerne die Stuttgarter Erklärungsbibel heranziehen.

Markante Briefseelsorge

Hebräer 13,20-25

1

Mit dem Ende eines Briefes zu beginnen, ist ungewöhnlich. Beim Hebräerbrief ist das aber sinnvoll, denn **13,22** sagt, was der Hebräerbrief sein will, und gibt uns damit eine **Leseanleitung**. Das hilft sehr, wenn man den Brief anschließend von vorne nach hinten liest. Er möchte Briefseelsorge für Christen sein, deren Vertrauen zu Jesus sehr wackelig geworden ist.

EINSTIEG

(15–20 Minuten) Wählen Sie bitte eine oder zwei Fragen aus.

1. Heute werden seltener Briefe geschrieben als früher. Welche Erfahrungen haben Sie gemacht?
2. Haben Sie Briefe aufgehoben? Was für welche? Warum?
3. Vergleichen Sie Brief und SMS. Nennen Sie für beide je fünf Vorteile.
4. Menschen zu motivieren, ist in unserer Gesellschaft ein Dauerthema. Welche Formulierungen wählen Sie, wenn Sie jemanden motivieren möchten?

BIBELTEXT

Segenswünsche, Mitteilungen und Grüße

20 Der Gott des Friedens, der den großen Hirten seiner Schafe, unseren Herrn
Jesus, von den Toten auferweckt hat, nachdem er mit dessen Blut den neuen,
ewig gültigen Bund besiegelt hatte – 21 dieser Gott möge euch die Kraft ge-
ben, all das Gute zu tun, das nach seinem Willen durch euch geschehen soll.
Durch Jesus Christus möge er in unserem Leben das bewirken, woran er
Freude hat. Ihm gebührt die Ehre für immer und ewig. Amen.

22 Ich habe euch das alles geschrieben, liebe Geschwister, um euch zu er-
mutigen, und habe mich so kurz wie möglich gefasst. Nun bitte ich euch ein-
dringlich darum, diese Botschaft nicht abzuweisen. 23 Wisst ihr schon, dass
unser Bruder Timotheus freigelassen worden ist? Wenn er rechtzeitig bei mir
eintrifft, werden wir euch gemeinsam besuchen.

24 Grüßt alle eure Verantwortlichen und die ganze Gemeinde! Die Ge-
schwister aus Italien lassen euch grüßen.

25 Gottes Gnade sei mit euch allen!

BIBELGESPRÄCH

(30–40 Minuten)
Wählen Sie ggf. unter den Fragen aus.

1. Den langen Satz (V. 20-21a) könnte man kürzen, bis nur der Kernsatz übrigbleibt: „Der Gott des Friedens ... möge euch Kraft geben ...“ Warum wäre es furchtbar schade, den Satz zu kürzen?

2. Jesus wird „der große Hirte seiner Schafe“ genannt. Welche Informationen aus den Evangelien helfen Ihnen, diesen Begriff zu füllen? Wenn Sie wollen, können Sie auch noch das AT heranziehen. Vgl. 1 Mo 48,15; 1 Kön 22,17; Ps 23; Hes 34,1-24; Mt 9,36; Joh 10,1-16 (besonders 11 + 14); 1 Petr 2,25.

3. Inwieweit hat Gott sich gerade dadurch, dass er Jesus auferweckt hat, als „Gott des Friedens“ erwiesen?

4. Wozu soll Gott Kraft geben? Dass wir das Gute tun, dass sein Wille durch uns geschieht, dass wir tun, was ihm Freude macht und was ihn ehrt. Vergleichen Sie das bitte mit dem Vaterunser (Mt 6,9-13; Lk 11,2-4), mit Röm 12,1f und mit Phil 4,8.

5. Was könnte dazu führen, dass die Leser diese Botschaft abweisen? V. 22b.

6. „Die Geschwister aus Italien lassen euch grüßen“ ist keine eindeutig klare Formulierung. Welche zwei Deutungen sind möglich? V. 24.

7. Was lässt sich hier über das Verhältnis des Verfassers zu den Adressaten entnehmen? V. 24.

8. Was wissen Sie aus anderen Schriften des NT über „unseren Bruder Timotheus“? V. 23. Wie alles, begann, sagt Apg 16,1-3. Zu Informationen über seinen Dienst und sein Verhältnis zu Paulus siehe 1 Tim 1,2.18; 6,20. Die Apostelgeschichte zeigt ihn als Paulusbegleiter, der auch selbstständig für die jungen Gemeinden da ist, etwa Apg 17,14 + 15; 18,5; 19,22; 20,4. In den Anfängen seiner Briefe erwähnt Paulus ihn in 2 Kor 1,1; Phil 1,1; Kol 1,1; 1 Thess 1,1 und Phlm 1.

9. Wenn Sie den Hebräerbrief hätten schreiben sollen: Wie hätte Ihr letzter Satz ausgesehen?

AUSTAUSCH

(15–30 Minuten)
Wählen Sie ggf. unter den Fragen aus. Sie können das Gespräch mit einem gemeinsamen Gebet abschließen. Fragen, die nicht in der Gruppe thematisiert werden, können Ihnen auch als Anstoß dienen, zu Hause den Text vertiefend zu betrachten.

1. Wie reagiere ich, wenn mir jemand den Frieden Gottes wünscht oder zuspricht? Welche eigenen Barrieren muss ich überwinden, um anderen Gottes Frieden zuzusprechen?

2. Wie gehe ich mit Informationen über das Ergehen anderer Christen um?

3. Gastfreundschaft, Besuche (13,2): Für welche Menschen öffne ich meine Wohnung? Wenn ich ein Jahr lang eine Gästeliste führen würde, worüber würde ich dann mehr nachdenken als vorher?

4. Wie können wir mit Sätzen wie „Gottes Gnade sei mit euch allen“ (13,25) so umgehen, dass daraus keine Floskeln werden?

KONKRETE SCHRITTE

Entscheiden Sie, was Sie in der kommenden Woche ganz praktisch tun wollen.

1. Wählen Sie neben der hier benutzten NGÜ zwei weitere Übersetzungen aus und lesen Sie bereits in dieser Woche die erste, später dann die zweite und machen Sie sich jeweils Notizen zu dem, was Ihnen auffällt.

2. Was möchten Sie nach der Beschäftigung mit Hebr 13,20-25 besonders festhalten? Was möchten Sie konkret in die Praxis umsetzen – im Blick auf Ihre Einstellungen, Ihr Denken, Ihre Worte und Ihr Handeln?

V. 20-21. Die meisten Briefe des NT haben am Schluss gute Wünsche oder Segensgrüße. Sie sind reich gefüllt und greifen z. B. auf, was Gott durch Jesus für die Adressaten getan hat und in Zukunft tun wird.

Als **„Gott des Friedens“**, also als ein Gott, der Frieden stiftet, erweist sich Gott durch das, was er durch Jesus zu unseren Gunsten getan hat. – Jesus wird hier als **„der große Hirte seiner Schafe“** erwähnt. Das erinnert einerseits an Jes 63,11, andererseits daran, dass Jesus sich im Johannesevangelium den guten Hirten genannt hat (Joh 10,11). Dort heißt es, er gebe sein Leben für die Schafe her. Nachdem dies geschehen ist, betont V. 20 Gottes Reaktion darauf: Er hat Jesus von den Toten auferweckt. Vom **„neuen, ewig gültigen Bund“** ist in Hebr 8 ausführlich die Rede. – V. 21 zeigt, dass trotz allem Schwierigen, von dem der Verfasser Kenntnis hat – dazu gleich mehr –, ihn eine starke Hoffnung erfüllt, dass das Christsein der Adressaten wieder stabil und fruchtbar wird und Gott von den Adressaten wieder die Ehre erhalten wird, die ihm gebührt.

V. 22. Der Verfasser will mit seinem Schreiben **ermutigen**, so die NGÜ. Im Griechischen sind zwei Wörter miteinander verbunden, die beide verschiedene Übersetzungsmöglichkeiten haben, *lógos*: Wort, Rede, Predigt u. a. und *paráklesis*: Ermahnung, Ermutigung, Zuspruch, Seelsorge, Motivation u. a. Zum Inhalt des Ganzen passt der Ausdruck **Briefseelsorge**, Paraklese (dieses Wort ist als Fachausdruck vom Griechischen her in die Literatur hinübergenommen worden) in schriftlicher Form.

Paraklese (in vielen Übersetzungen mit „Ermahnung“ wiedergegeben) geschieht im NT oft in Form von Imperativen, Befehlsformen und Finalsätzen (= Sätze, die ein Ziel angeben) oder Selbstermunterungen („Lasst uns …“, sogenannten Kohortativen). Also lohnt es sich, einmal diese Formulierungen herauszuschreiben. Danach kann man fragen: Sind sie so voneinander verschieden, dass kaum etwas Gemeinsames erkennbar wird? Oder lassen sie sich vielleicht in Gruppen ordnen? Oder zeigt sich sogar durchgehend etwas Gemeinsames?

Die NGÜ hat die Imperative (Befehlsformen) des Grundtextes nicht durchgehend mit deutschen Imperativen wiedergegeben. Wichtige Beobachtungen lassen sich so nicht machen. Deshalb ist es hier sinnvoll, auf genauere Übersetzungen auszuweichen (Luther, Zürcher, Elberfelder u. a.). Die folgende Tabelle ist nicht ganz vollständig, reicht aber für unsere Zwecke aus.

Hebr	Text nach Luther 2017
2,1	… damit wir nicht am Ziel vorbeitreiben.
2,3	Wie wollen wir entrinnen, wenn wir eine so große Seligkeit nicht achten?
3,1	Schaut auf den Apostel und Hohepriester, den wir bekennen, Jesus.
3,8	Verstockt eure Herzen nicht.
3,12	Seht zu, dass niemand unter euch ein böses, ungläubiges Herz habe und abfalle von dem lebendigen Gott.
3,13	Ermahnt euch selbst alle Tage, dass nicht jemand unter euch verstockt werde durch den Betrug der Sünde.
3,14	… die erste Gewissheit bis zum Ende festhalten.
4,1	Lasst uns mit Furcht darauf achten, dass keiner von euch zurückbleibe.

4,11	So lasst uns nun bemüht sein, in diese Ruhe einzugehen, damit nicht jemand zu Fall komme.
4,14	Lasst uns festhalten an dem Bekenntnis.
4,16	Lasst uns freimütig hinzutreten zu dem Thron der Gnade.
5,12f	Ihr, die ihr längst Lehrer sein solltet, habt es wieder nötig, dass man euch die Anfangsgründe der göttlichen Worte lehre und dass man euch Milch gebe und nicht feste Speise. Denn wem man noch Milch geben muss, der ist unerfahren im Wort der Gerechtigkeit, denn er ist ein kleines Kind.
6,11f	Wir begehren aber, dass jeder von euch denselben Eifer beweise, die Hoffnung festzuhalten bis zum Ende, damit ihr nicht träge werdet.
10,22-25	Lasst uns hinzutreten mit wahrhaftigem Herzen in der Fülle des Glaubens (...) Lasst uns festhalten an dem Bekenntnis der Hoffnung und nicht wanken ... Lasst uns auf einander achthaben und einander anspornen zur Liebe und zu guten Werken und nicht verlassen unsere Versammlungen, wie einige zu tun pflegen, sondern einander ermahnen.
10,32	Gedenkt aber der früheren Tage, an denen ihr (...) erduldet habt einen großen Kampf des Leidens.
10,35	Werft euer Vertrauen nicht weg.
10,39	Wir aber sind nicht solche, die zurückweichen und verdammt werden, sondern solche, die glauben und die Seele erretten.
12,1f	Lasst uns ablegen alles, was uns beschwert (...) Lasst uns laufen mit Geduld in dem Kampf, der uns bestimmt ist, und aufsehen zu Jesus.
12,3	Gedenkt an den, der so viel Widerspruch gegen sich von den Sündern erduldet hat, damit ihr nicht matt werdet und den Mut nicht sinken lasst.
12,12f	Stärkt die müden Hände und die wankenden Knie und tut sichere Schritte mit euren Füßen, dass nicht jemand strauchle wie ein Lahmer, sondern vielmehr gesund werde.
12,15f	Seht darauf, dass nicht jemand Gottes Gnade versäume; dass nicht etwa eine bittere Wurzel aufwachse und Unfrieden anrichte und viele durch sie verunreinigt werden; dass nicht jemand sei ein Hurer oder Gottloser wie Esau.
12,25	Seht zu, dass ihr den nicht abweist, der da redet.

Ergebnis: Viele Formulierungen gehen in dieselbe Richtung. Sie warnen davor, Hoffnung und Vertrauen gegenüber Jesus zu verlieren, vom Weg abzukommen usw. und ermutigen dazu, neues Vertrauen zu Jesus zu wagen und so wieder stabil zu werden.

Die Adressaten werden als Christen charakterisiert, die in der Gefahr sind, sich von Jesus abzuwenden. Das wäre aber das Verkehrteste, was sie tun könnten. Kapitel um Kapitel wird der Verfasser gute Gründe anführen, Jesus treu zu bleiben. Sein Hauptgrund: Jesus ist uns von Gott als vollkommener Hohepriester eines neuen, ewig gültigen Bundes gegeben. Von so einem kann man doch nicht wegwollen!

V. 23. Wo außerhalb des Hebräerbriefs ein **Timotheus** erwähnt wird, ist immer der Begleiter des Paulus gemeint. Deshalb gehen die meisten Ausleger davon aus, dass der hier Genannte mit diesem identisch ist. Das reicht aber nicht aus, im Hebräerbrief einen Paulusbrief zu sehen (siehe Einleitung). Die weitgespannte Wirksamkeit des Timotheus lässt auch anderes offen.

Die Adressaten kennen ihn. Wahrscheinlich ist er ihnen durch persönliche Begegnung(en) bekannt. Der Verfasser will mit ihm gemeinsam kommen. Man kann überlegen, ob der Verfasser gegenüber Timotheus eine Stellung hat, die diesem „befehlen" kann, mitzukommen. Das ist möglich, aber nicht zwingend der Fall.

V. 24. Der Verfasser bittet die Adressaten, die zu **grüßen**, die ihnen vorstehen (NGÜ: **„eure Verantwortlichen"**). Schon früh haben sich in den jungen Gemeinden besondere Verantwortliche herauskristallisiert. In Thessalonich etwa ist das schon im Jahr 50/51, wenige Monate nach der Gemeindegründung, der Fall (1 Thess 5,12-13).

Auch „die ganze Gemeinde" soll gegrüßt werden, wörtlich: „alle Heiligen". **„Heilige"** ist eine der wichtigsten Bezeichnungen für die Christen, bevor die Bezeichnung **„Christen"** auf Platz eins rückte. Von „Christen" ist im NT nur dreimal die Rede: Apg 11,26 in Antiochia, hier ist es noch keine Selbstbezeichnung, sie werden von anderen so genannt; Apg 26,28 durch Herodes Agrippa II. und 1 Petr 4,16. Dort setzt Petrus voraus, dass die Leserschaft mit der Bezeichnung etwas anfangen kann. Die Briefe des Ignatius von Antiochien zeigen, dass die Bezeichnungen „Christ", „christlich" und „Christentum" sich Anfang des 2. Jahrhunderts eingebürgert haben.

Der Ort, von dem aus **„die Geschwister aus Italien"** Grüße ausrichten lassen, ist nicht eindeutig zu bestimmen. Es gibt zwei Möglichkeiten: (1) Christen aus Italien (Rom?) lassen die Adressaten grüßen; diese wohnen nicht in Italien. (2) Christen, die aus Italien stammen, jetzt aber nicht dort sind, grüßen Christen in Italien.

V. 25. Der letzte Satz des Hebräerbriefs hat nur fünf Wörter im Griechischen. Hat man den ganzen Brief gelesen, merkt man, wie reichhaltig er ist.

Die **Gnade** hat einen Namen: Jesus.

Sie muss angesichts der irritierten Gemeinde keineswegs resignieren. Im Gegenteil: Sie kann alles Positive bewirken, das jetzt nötig ist. Mehr als diese Gnade brauchen sie nicht.

„Mit euch *allen*": Nicht alle haben sich gleich verhalten (siehe z. B. 10,25 „einige") oder sind gleich stark angefochten. Die Gnade will in diese Differenzierungen hineinkommen und das Gemeinsame neu etablieren. Sie schafft das Zusammenführende und das Tragende. Sie stiftet die Einheit der Gemeinde im Aufsehen auf Jesus, den vollkommenen Hohepriester.

Einzigartiges Niveau

2

Hebräer 1,1-14

EINSTIEG

(15–20 Minuten)
Wählen Sie bitte eine oder zwei Fragen aus.

1. „He's got the whole world in his hands." – In welchem Zusammenhang haben Sie dieses Spiritual zum ersten Mal gehört? Was hat es bisher in Ihnen ausgelöst?

2. Das Alte Testament ist etwa dreimal so dick wie das Neue.
   Wie sind Sie bisher damit umgegangen?

3. Wenn Sie einen Engel zu malen hätten: Was gehörte auf jeden Fall aufs Bild?

4. Wo begegnen Ihnen im Alltag Steigerungsformen (Komparative) wie „besser", „höher"?

BIBELTEXT

Der Sohn – das Ebenbild Gottes

1 Viele Male und auf verschiedenste Weise sprach Gott in der Vergangenheit
durch die Propheten zu unseren Vorfahren. 2 Jetzt aber, am Ende der Zeit, hat
er durch seinen eigenen Sohn zu uns gesprochen.

Der Sohn ist der von Gott bestimmte Erbe aller Dinge.
Durch ihn hat Gott die ganze Welt erschaffen.
3 Er ist das vollkomme Abbild von Gottes Herrlichkeit,
der unverfälschte Ausdruck seines Wesens.
Durch die Kraft seines Wortes trägt er das ganze Universum.
Und nachdem er das Opfer gebracht hat, das von den Sünden reinigt,
hat er den Ehrenplatz im Himmel eingenommen,
den Platz an der rechten Seite Gottes, der höchsten Majestät.

Der Sohn im Vergleich zu den Engeln

4 Selbst im Vergleich mit den Engeln ist seine Stellung einzigartig. Ihm wurde
ja auch ein unvergleichlich höherer Titel verlieren als ihnen. 5 Oder hat Gott je
zu einem von den Engeln gesagt:

„Du bist mein Sohn; heute habe ich dich gezeugt."?
An einer anderen Stelle sagt Gott:
„Ich werde sein Vater sein,
und er wird mein Sohn sein."

6 Und dort, wo die Rede davon ist, dass Gott ihn, den Erstgeborenen,
in unsere Welt einführt, heißt es:
„Alle Engel Gottes sollen sich vor ihm niederwerfen und ihn anbeten."
7 Die Engel werden als Diener bezeichnet; es heißt in der Schrift:
„Gott macht seine Engel zu Sturmwinden,
seine Diener zu Feuerflammen."
8 Zum Sohn wird jedoch gesagt:
„Dein Thron, o Gott, hat für immer Bestand; Gerechtigkeit ist das
Zeichen deiner Herrschaft.
9 Du liebst das Recht; alles Unrecht ist dir verhasst.
Deshalb, o Gott, hat dein Gott
das Salböl der Freude in solcher Fülle über dich ausgegossen,
wie er es bei keinem deiner Freunde getan hat."
10 An einer anderen Stelle heißt es:
„Du, Herr, hast am Anfang das Fundament der Erde gelegt,
und auch der Himmel ist das Werk deiner Hände.
11 Himmel und Erde werden vergehen, du aber bleibst.
Sie werden alt werden – alt wie ein abgenutztes Kleid;
12 du wirst sie zusammenrollen wie einen Umhang,
sie werden ausgewechselt werden wie ein abgetragenes Kleidungsstück.
Du aber bleibst der, der du bist,
und deine Zeit wird kein Ende haben."
13 Und hat Gott je zu einem Engel gesagt:
„Setze dich an meine rechte Seite,
bis ich die Feinde zum Schemel für deine Füße gemacht habe!"?
14 Nein, die Engel sind alle nur Diener, Wesen der unsichtbaren Welt,
die denen zu Hilfe geschickt werden, die am kommenden Heil teil-
haben sollen, dem Erbe, das Gott uns schenkt.

BIBELGESPRÄCH

(30–40 Minuten) Wählen Sie ggf. unter den Fragen aus.

1. Drei Texte, die einander gut erklären: Joh 1,1-3; Kol 1,15-20 und Hebr 1,1-4. Was ist allen gemeinsam?

2. Warum enthält der Abschnitt so viele Zitate aus dem Alten Testament (meist Septuaginta-Übersetzung)? (Ps 2,7; 2 Sam 7,14; 1 Chr 17,13; 5 Mo 32,43; Ps 97,7; Ps 104,4; Ps 45,7.8; Ps 102,26-28; Ps 110,1.) Will der Verfasser seine ohnehin bestehenden Überzeugungen mit den Zitaten lediglich „dekorieren"? Will er seine Darstellung bei den Adressaten akzeptabel machen? Tragen die Stellen das Ganze der Argumentation? Welche Auffassung vom Alten Testament wird hier sichtbar?

3. Inwiefern ist Jesus „Erstgeborener", wenn er der einzige Sohn Gottes ist? Vgl. 11,28: „die erstgeborenen Söhne der Israeliten"; 12,16: Esau verkauft

sein Erstgeburtsrecht und 12,23: „die Gemeinde von Gottes Erstgeborenen“. Außerhalb des Hebräerbriefs kommt das Stichwort vor in Lk 2,7; Röm 8,29; Kol 1,15.18 und Offb 1,5.

4. Was ist mit „Gottes Herrlichkeit“ gemeint (V. 3)?

5. Das Leben und Leiden Jesu auf der Erde wird zusammengefasst mit „er hat das Opfer gebracht, das von den Sünden reinigt“ bzw. genauer „er hat die Reinigung von den Sünden vollzogen“ (V. 3). Warum diese Zuspitzung? Es wären doch noch andere Erträge zu nennen. Welche Inhalte des Briefes führen V. 3 näher aus?

6. Erklären Sie sich gegenseitig, was am „Salböl der Freude“ (V. 9) so erfreulich ist.

AUSTAUSCH

(15–30 Minuten) Wählen Sie ggf. unter den Fragen aus. Sie können das Gespräch mit einem gemeinsamen Gebet abschließen.

1. Ist die Vielfalt und Verschiedenheit des Redens Gottes (V. 1) mir eher Lust oder Last?

2. Gott ist für unsere Zeitgenossen in der Regel kein redender Gott, sondern eher ein ziemlich blasses höheres Wesen oder gar eine Illusion. Kennen Sie Menschen, bei denen sich das geändert hat? Wie ist die Änderung zustande gekommen?

3. Unser Zeitgefühl ist von schnellen Veränderungen geprägt. Wir sind fast zu Eintagsfliegen geworden. Wie lebt man sich in die Jahrhundertdimensionen von Hebräer 1 ein? Falls die Antwort schwierig sein sollte, hier ein paar Tipps: – Halten Sie regelmäßig Kontakt zu Menschen, die mindestens eine Generation älter oder jünger sind als Sie. Fragen Sie sie aus! – Suchen Sie nach guten Liedern, die über hundert Jahre alt sind. Kopieren Sie zehn davon, meditieren Sie sie und lernen Sie drei auswendig. – Ein Pastor sagte: „Du brauchst ein paar Freunde, die mindestens 300 Jahre älter sind als du.“ Hier stellt sich die Frage nach einer durchdachten christlichen Lesekultur. Hilfreich ist C.S. Lewis: Über das Lesen alter Bücher. In: Ich erlaube mir zu denken. Basel 1982, 18-25.

4. Jesus ist hier und im ganzen Brief der Einzigartige. Woran können andere erkennen, dass er Ihnen konkurrenzlos wichtig geworden ist?

5. Wenn man V. 11f mit den Ohren eines altgewordenen Menschen hört: Was klingt hier richtig gut?

6. Welche Bedeutung haben Engel in Ihrem Leben?

KONKRETE SCHRITTE

Entscheiden Sie, was Sie in der kommenden Woche ganz praktisch tun wollen.

1. In Vers 4 steht im Hebräerbrief die erste von vielen Steigerungsformen. Achten Sie einmal zwei oder drei Tage lang darauf, wo Ihnen im Alltag solche Vergleichsformen (höher, besser ...) begegnen. Blättern Sie auch eine Zeitung oder Zeitschrift daraufhin durch.

2. Was möchten Sie nach der Beschäftigung mit Hebr 1,1-14 besonders festhalten? Was möchten Sie konkret in die Praxis umsetzen – im Blick auf Ihre Einstellungen, Ihr Denken, Ihre Worte und Ihr Handeln?

ERLÄUTERUNGEN

„Ich habe mich so kurz wie möglich gefasst" (13,22) – verglichen mit dem, was alles über die im Brief behandelten Themen zu sagen wäre und der Verfasser auch ohne Mühe weiter ausführen könnte.

Wenn er in V. 1-4 mit der Tür ins Haus fällt, könnte er durchaus stundenlang reden über den lebendigen Gott, der redet:

- dass das den Unterschied ausmacht zu den stummen Götzen,
- dass Gottes Volk berufen ist, für den redenden Gott „ganz Ohr" zu sein,
- dass sein Wort Tatwort und Schöpfungswort war,
- dass Gott sich ganz vieler Personen bedient hat, um sein Wort passgenau in die Situation zu sagen,
- dass es da verschiedene Redeformen gab: Erzählungen, Genealogien, Verheißungen, Lieder und Gebete, Komplimente und Warnungen, Segens- und Fluchworte, prophetische Worte, Weisheitssprüche ...,
- dass da nicht jede Zeit gleich war: neben Wortknappheit, die am Leben nagte, Zeiten der Fülle, in denen Israel aufblühte,
- dass dieses Reden Menschen in Mitleidenschaft gezogen und andere glücklich gemacht hat,
- dass Gottes Volk von außen um dieses Reden beneidet und deswegen bekämpft wurde
- und dass diese Vielfalt manchen ein bisschen zu viel wurde, und die Vielfalt der Aneignung nicht Schritt hielt mit diesem vielgestaltigen Reden des lebendigen Gottes.

V. 1-4 bilden im Griechischen nur einen Satz; fünf Wörter in V. 1 haben denselben Anfangsbuchstaben (p): Das ist kunstvolles Griechisch!

Der erste Teil (V. 1-2a) läuft auf das Stichwort „Sohn" zu.

In V. 4 finden wir zwei Komparative (Steigerungsform eines Eigenschaftswortes). Bald werden weitere dazukommen. Der Vergleich mit Engeln, Mose, Bund u. a. hat immer dasselbe Ergebnis: **Der Sohn gewinnt.**

Der Briefanfang will also sagen, dass **der Sohn etwas ganz Besonderes** ist. Was der Schreiber vorbereitet, aber noch nicht sagt: Wenn das so ist – und es ist so! – dann ist es völlig sinnlos, sich von ihm zu verabschieden. Wer das Vertrauen zu Jesus verliert, kann nur verlieren.

V. 1 und 2a. Gottes Reden wird in zwei Zeiten aufgeteilt, „in der Vergangenheit" und „jetzt, am Ende der Zeit". Die „Vorfahren" sind nicht nur die Patriarchen der Frühzeit, Abraham, Isaak und Jakob, sondern alle, die man in der Rückschau wahrnehmen kann. So wird z.B. in Kap. 11 die Liste der Glaubensvorbilder über das Alte Testament hinaus bis in die Zeit des Makkabäeraufstands im 2. Jahrhundert v. Chr. verlängert.

Die Propheten und der Sohn werden nicht als Gegensätze einander gegenübergestellt. Beide verbindet, dass Gott durch sie geredet hat. Aber der Sohn überbietet ihr Reden. Gottes Reden hat sich unüberbietbar, uneinholbar und unersetzbar aufgegipfelt durch einen, der nicht nur Prophet, sondern Sohn ist.

Gott hat doch nicht nur durch Propheten geredet!? Dem würde der Verfasser zustimmen. Aber er greift besonders den prophetischen Charakter des Redens Gottes heraus, um dann die Erfüllung in Jesus zu betonen. Gerade auch Psalmen werden als Prophetie verstanden. Der Psalm 110 wird im NT besonders oft zitiert, wenn es um Jesus geht.

Die reiche Vielfalt des alttestamentlichen Redens Gottes lief auf den Einen zu! Ohne Jesus kann die Vielfalt auseinanderfallen in viele unzusammenhängende Einzelteile. Mit ihm bekommen wir Anschluss an eine Fülle, die sich immer tiefer und reicher erschließt.

„Jetzt am Ende der Zeit“: Die Gegenwart wird dadurch als Endzeit qualifiziert, dass Gott in ihr durch den Sohn geredet hat und damit abschließend und unüberbietbar. Vgl. 9,26, aber auch 10,25.37 und 1 Petr 1,10. Der Schreiber des Hebräerbriefs hat diesen Ausdruck nicht erfunden. Er hat ihn bereits aus seiner Bibel übernommen, siehe 1 Mo 49,1; Jer 30,24; Hes 38,16; Dan 2,28; Hos 3,5; Mi 4,1.

Nebenbei: Er benutzt nicht den hebräischen Text, sondern die griechische Übersetzung des Alten Testaments, die sogenannte Septuaginta (LXX), die die Bibel der Urchristenheit war.

V. 2b. Es folgen Aussagen über den Sohn. Zunächst zwei über das, was Gott durch ihn für uns getan hat, dann eine mehrteilige über das, was der Sohn ist.

„Zum Erben gemacht“: Natürlich ist nicht gemeint, dass Gott stirbt und Jesus ihn dann beerbt. Das würde auch dem Folgenden nicht gerecht. **Gemeint ist aber, dass der Sohn nicht ohne all das zu denken ist, was dem Vater gehört: Erbe als Anteilhabe.**

„Die ganze Welt“: wörtlich „die Äonen“: Der Sohn ist nicht Schöpfer, sondern Schöpfungsmittler, aber nicht als Zwischenwesen, als Halbgott, sondern als der, der auf die Seite Gottes gehört, vgl. Kol 1,16.

V. 3. Die Doppelaussage über den Sohn wird sehr verschieden übersetzt (Abglanz, Ausstrahlung, vollkommenes Abbild, Abdruck, Ausprägung seines Wesens (im Griechischen steht hier zum einzigen Mal im NT *charakter*), die NGÜ macht ihre Sache hier gut. Man kann gut an einen Stempel und dessen Prägebild denken. Man kann hier einen aktiven und einen passiven Aspekt unterscheiden. Der Abglanz ist vom Licht abhängig (passiver Aspekt), strahlt jedoch von sich aus weiter (aktiver Aspekt); der Abdruck wird vom Wesen her genommen, ergibt aber ein selbstständiges Bild.

Wir können Jesus nur von Gott her verstehen.

„Durch die Kraft seines Wortes trägt er das ganze Universum“: Das Universum ist nicht selbstständig. Es muss gehalten werden.

„Nachdem er das Opfer gebracht hat, das von den Sünden reinigt“: Davon wird noch sehr ausführlich die Rede sein. Hier ist das Zentrum dessen, was Jesus für uns getan hat. Von da aus erschließt sich alles andere. Im Griechischen steht ein Genitiv der Trennung: **Er hat uns von den Sünden weggereinigt, durch eine Reinigung von ihnen getrennt; wir gehören nicht mehr zusammen!** Wegen dieses Tuns ist Jesus einzigartig. Es wäre niemandem zu raten, von ihm wegzugehen. Das ist aber gerade die Gefahr, in der die Briefempfänger sich befinden.

„Den Ehrenplatz im Himmel eingenommen“: Der nächste Satzteil macht klar: Der Ehrenplatz ist kein Ruhesitz ohne weitere Tätigkeit, er bedeutet die Mitregentschaft mit Gott. Das ist der Platz, von dem aus man eingreifen kann wie von keinem anderen aus (vgl. 2,8: „Es gibt nichts, worüber er nicht Herr wäre“).

„Gottes, der höchsten Majestät“, vgl. 8,1. Es handelt sich um eine Umschreibung des Gottesnamens wie im jüdischen Sprachgebrauch, aber nicht, weil man den Eindruck hat, ihn vermeiden zu müssen, sondern weil Gottes majestätische Erhabenheit besonders bewusst gemacht werden soll.

V. 4-13. Im 1. Jahrhundert n. Chr. ist im Judentum deutlich mehr von Engeln die Rede als im Alten Testament. Das zeigen einerseits frühjüdische Schriften, andererseits manche Auseinandersetzung um die Position und Verehrung der Engel in neutestamentlichen Briefen. Übrigens: Die Engel *stehen*, der Sohn *sitzt*.

Der Verfasser zitiert aus mehreren Psalmen. Bibelzitate sind für den Verfasser nie Dekoration, auch mehr als Argumentationshilfe.

V. 9. „Salböl der Freude“: Eine der vielen kleinen Wortkombinationen in der Bibel, bei denen es sich zu verweilen lohnt und man zu Konkordanz und Bibellexikon greifen sollte. Die folgenden Bibelstellen stellen jeweils nur eine Auswahl dar.

Ohne das aus Oliven gepresste Öl ist im damaligen Orient eine ausreichende Ernährung kaum denkbar. Es hat etwas elementar Alltägliches. Gott segnet, indem er sättigt (2 Mo 29,2; 5 Mo 7,13; 1 Kön 17,12; Hag 2,12).

Mit ihm füllt man die Öllampen, andere Lampen hat man nicht (2 Mo 27,20; Mt 25,4).

Weil es der Haut guttut, dient es, meist mit Aromen gemischt, natürlich auch kosmetischen Zwecken (Ps 23,5; Hld 1,3; 4,10; Am 6,6; Lk 7,37 + 38).

Öl wird aber auch bei ganz besonderen Gelegenheiten verwendet. Mit „heiligem Öl“ werden Priester gesalbt (2 Mo 30,30; 3 Mo 8,2.12). Keiner wird König, ohne mit Öl gesalbt zu werden. (1 Sam 16,1.13; 1 Kön 1,39; 2 Kön 9,1-3.) Ist das Olivenöl schon an sich erfreulich, so erst recht, wenn der König, sogar der messianische König damit gesalbt wird. Da macht es „Karriere“.

Der Verfasser des Hebräerbriefs zitiert Ps 45,8, ein Lied zur Hochzeit des Königs. Der Psalm trägt messianische Züge. Ein Fest sondergleichen, mit allem Kostbaren, mit edelsten Gewändern und Kosmetika, und eben dem „Öl der Freude“: Weihe, Heiligung und festliche Freude finden zusammen. Jesus bezieht in der Synagoge von Nazareth Jes 61,3 auf sich. Er ist der, der „Freudenöl statt Trauerkleid“ bringt, die Zeitenwende, die in die große Freude (Lk 2,10) führt. Es ist die Freude an dem, der in Gerechtigkeit herrscht. Im 5. Jahrhundert nennt Cyrill von Alexandrien es das „Symbol der Freude“.

V. 14. Die Engel als Diener: Im Griechischen wörtlich: liturgische Geister. Sie waren an der Gesetzgebung am Sinai beteiligt (Gal 3,19), jetzt sind sie konzentrierte Heilsdiakone. Von hier aus könnte jenseits von Kitsch und Esoterik eine sinnvolle „Engelspiritualität“ wiedergewonnen werden.

Unvermeidbare Spannung

3

Hebräer 2,1-15

EINSTIEG

(15–20 Minuten)
Wählen Sie bitte eine oder zwei Fragen aus.

1. In welchen Zusammenhängen ist in unserer Gesellschaft von Engeln die Rede?
2. Wann ist für Sie ein Film spannend?
3. Erzählen Sie einander von einer Situation, wo Ihnen eine Spannung sehr zugesetzt hat.
4. Wie können aus Spannungsfeldern Kraftfelder werden?
5. Manche Ethnologen (Völkerkundler) sprechen von „Schamkulturen“. Sie finden sie vor allem in asiatischen Ländern vor, während der Gegensatz, die „Schuldkultur“, eher in Europa und Nordamerika zu beobachten ist. Was verbinden Sie mit diesem Begriff? Welche Wertungen liegen ihm evtl. zugrunde?

BIBELTEXT

Warnung vor Gleichgültigkeit dem Evangelium gegenüber

1 Das alles macht deutlich, dass wir uns nicht entschieden genug an die Bot-
schaft halten können, die wir gehört haben, weil wir sonst in der Gefahr sind,
vom Weg abzukommen. 2 Denn schon das Gesetz, das ja durch Engel ver-
kündet wurde, war unumstößlich, und wer seine Anordnungen missachtete
oder dagegen verstieß, erhielt die verdiente Strafe. 3 Wie sollten wir da der
Strafe entgehen, wenn wir Gottes einzigartige Heilsbotschaft gering achten?
Schließlich war es doch der Herr selbst, durch den diese Botschaft zunächst
verkündet wurde, und diejenigen, die sie an uns weitergaben, hatten ihn per-
sönlich gehört; ihr Zeugnis war zuverlässig 4 und wurde von Gott bestätigt
durch Wunder und außergewöhnliche Geschehnisse und viele andere Zei-
chen seiner Macht sowie dadurch, dass er uns nach seinem freien Ermessen
Anteil am Heiligen Geist und seinen Gaben gegeben hat.

Die gegenwärtige und zukünftige Herrschaft des Sohnes

5 Dazu kommt noch etwas: Gott hat die zukünftige Welt, um die es in unserer
Verkündigung geht, nicht den Engeln unterstellt. 6 Es gibt eine Stelle in der
Schrift, an der ausdrücklich gesagt wird:

„Was ist der Mensch, dass du, Gott, an ihn denkst?
Was ist der Menschensohn, dass du dich um ihn kümmerst?
7 Du hast ihn für eine kurze Zeit geringer gemacht als die Engel,
dann aber hast du ihn mit Herrlichkeit und Ehre gekrönt
8 und hast ihm alles unter die Füße gelegt."

Der, von dem hier die Rede ist, ist es, dem Gott alles unterstellt hat; mit an-
deren Worten: Es gibt nichts, worüber er nicht der Herr wäre. Allerdings ist
das gegenwärtig für uns noch nicht in vollem Umfang sichtbar. 9 Eins jedoch
sehen wir bereits: Er selbst, Jesus, der für eine kurze Zeit geringer war als die
Engel, ist jetzt aufgrund seines Leidens und Sterbens mit Herrlichkeit und
Ehre gekrönt. Denn er hatte den Tod auf sich genommen, damit durch Gottes
Gnade allen Menschen der Weg zur Rettung offen steht.
10 In Gott hat ja alles nicht nur seinen Ursprung, sondern auch sein Ziel, und
er will viele als seine Söhne und Töchter an seiner Herrlichkeit teilhaben las-
sen. Aber um diesen Plan zu verwirklichen, war es notwendig, den Wegberei-
ter ihrer Rettung durch Leiden und Sterben vollkommen zu machen.
11 Er, der sie heiligt, und sie, die von ihm geheiligt werden, haben nämlich
alle denselben Vater. Aus diesem Grund schämt sich Jesus auch nicht, sie als
seine Geschwister zu bezeichnen, 12 etwa wenn er sagt:

„Ich will meinen Brüdern verkünden, wie groß du bist, o Gott;
Mitten in der Gemeinde will ich dir Loblieder singen."

13 An einer anderen Stelle sagt er:

„Nichts soll mich davon abbringen, auf Gott zu vertrauen!"

und fährt dann fort:

„Hier bin ich, und das sind die Kinder, die Gott mir gegeben hat."

14 Weil nun aber alle diese Kinder Geschöpfe aus Fleisch und Blut sind, ist
auch er ein Mensch aus Fleisch und Blut geworden. So konnte er durch den
Tod den entmachten, der mit Hilfe des Todes seine Macht ausübt, nämlich
den Teufel, 15 und konnte die, deren ganzes Leben von der Angst vor dem Tod
beherrscht war, aus ihrer Sklaverei befreien.

BIBELGESPRÄCH

(30–40 Minuten) Wählen Sie ggf. unter den Fragen aus.

1. Wie hält man sich entschieden genug an die Botschaft, V. 1? Welche Antwort gibt der Hebräerbrief? Welche geben Sie?

2. Was machte das Zeugnis zuverlässig, V. 3?

3. In Psalm 8 geht es um den *Menschen*. In Hebr 2 legt der Verfasser den Psalm speziell auf *Jesus Christus* hin aus. Haben Sie Argumente, ihm Recht zu geben? In Ps 8,6a heißt es: „wenig niedriger" (LU), in Hebr 2,7 „eine kurze Zeit". In Ps 8,6a heißt es: „als Gott" (hebr. *Elohim*), in Hebr 2,7 „als die Engel". Wie gehen Sie mit diesen Unterschieden um?

4. Vergleichen Sie V. 6-9 mit Mt 28,18-20 und mit Eph 1,20-23. Die drei Stellen haben manche Inhalte gemeinsam. Was ist das Spezifische von Hebr 2,6-8?

5. „Er, der sie heiligt, und sie, die von ihm geheiligt werden", V. 11: Inwiefern hilft dieser Vers, die Botschaft von der Heiligung als Teil des Evangeliums zu verstehen?

6. Jesus schämt sich nicht, uns als seine Geschwister zu bezeichnen, V. 11. Wo handelt Jesus so in den Evangelien? Die Formulierung kommt *wörtlich* nur hier in Hebr 2,11 vor. Inhaltlich könnten z. B. Mt 12,48-50 und Mt 28,10 passen.

AUSTAUSCH

(15–30 Minuten) Wählen Sie ggf. unter den Fragen aus. Sie können das Gespräch mit einem gemeinsamen Gebet abschließen.

1. Tauschen Sie bitte aus, wie Sie sich den Weg der Informationen über Jesus von Jesus selbst bis zur Fertigstellung der vier Evangelien vorstellen bzw. was sich hier klar sagen lässt.

2. Der Philosoph Rüdiger Safranski schreibt: „Die Angst duldet keine anderen Götter neben sich." Ist es gesellschaftlicher Konsens, dass wir aus Angst vor dem Tod lebenslang Sklaven sind? Wie ist ein Gespräch mit andersdenkenden Zeitgenossen zu führen?

3. Welche Bedeutung haben Engel für Ihr persönliches Glaubensleben? Wo zeigt sich diese Bedeutung konkret?

4. In welchen Zusammenhängen wird uns besonders kostbar, dass Jesus sich unser nicht schämt?

KONKRETE SCHRITTE

Entscheiden Sie, was Sie in der kommenden Woche ganz praktisch tun wollen.

1. Formulieren Sie schriftlich ein Fürbittegebet für Menschen, die fast daran zerbrechen, so wenig davon zu sehen, dass Jesus „alles untertan" ist.

2. Was möchten Sie nach der Beschäftigung mit Hebr 2,1-15 besonders festhalten? Was möchten Sie konkret in die Praxis umsetzen – im Blick auf Ihre Einstellungen, Ihr Denken, Ihre Worte und Ihr Handeln?

V. 1-4. Die Offenbarung Gottes im Sohn, der die Engel überragt, führt zu **besonderer Verantwortung**. Ihn und sein Werk geringzuschätzen, hieße, die Rettung zu verfehlen. Der ganze Brief kämpft darum, dass das nicht passiert.

Das „durch **Engel** verkündete" Gesetz (**V. 2**, vgl. Gal 3,19): Auch wenn der Sohn die Engel überragt, ist es doch das Gesetz, das in Gottes Auftrag durch Engel überliefert wurde, und darf damit keinesfalls geringgeschätzt werden.

Der **Schluss vom Geringeren aufs Größere** (**V. 2-3**) kommt nicht nur im Hebräerbrief vor, sondern auch in anderen Bibelteilen sowie im Talmud (jüdische Gesetzesauslegung), in antiken griechischen Schriften und auch in unserem Alltag. Nur ein Beispiel: Röm 5,15-17: „Wenn durch die Sünde des Einen die Vielen gestorben sind, **um wieviel mehr** ist Gottes Gnade den Vielen überreich zuteil geworden... Wenn der Tod geherrscht hat..., **um wie viel mehr** werden die, welche die Fülle der Gnade... empfangen haben, herrschen im Leben durch den Einen, Jesus Christus" (LU, gekürzt).

V. 3. Die Überlieferung der Taten und Worte Jesu bis zur Gegenwart ist **zuverlässig**. Das nimmt auch Lukas für sein Evangelium in Anspruch (Lk 1,4). Es wäre unverantwortlich, ein Heil, über das wir derart gut informiert worden sind, zu missachten. Hier gehören Geschichte und Verkündigung fest zusammen.

Statt **„Strafe"** steht im griech. Text: Lohn, Belohnung, Vergeltung. Stärker als beim Wort „Strafe" ist hier jede Willkür ausgeschlossen. Gott ist fair, wenn er die von der Rettung ausschließt, die die Botschaft missachten.

Hier wird eine **Reihenfolge** sichtbar, wie die Jesusbotschaft weitergegeben wurde: Es begann mit Jesus selbst. Er hat dafür gesorgt, dass seine Botschaft zuverlässig weitergegeben werden konnte: Augen- und Ohrenzeugen bilden das nächste Glied in dieser Kette der Weitergabe. Dann kommen der Briefschreiber und andere, die diese Leute gehört haben, und „wir".

Das muss nicht bedeuten, dass bereits ein großer zeitlicher Abstand zum Erdenleben Jesu vorliegt. Barnabas z.B. gehört noch in die ersten Jahre nach Jesu Tod und Auferweckung, ist aber bereits einer, von dem in Kap. 2,3 gilt: einer, der Kontakt zu den Augenzeugen hatte. Weder eine Früh- noch eine Spätdatierung des Hebräerbriefs werden durch diesen Vers allein zwingend favorisiert. Die Taten, durch die Gott diese zuverlässige Botschaft noch weiter bekräftigt hat (V. 4), erfordern eine gewisse Zeitspanne, aber nicht unbedingt Jahrzehnte.

V. 5-9. Christsein heißt nicht zuletzt: **sich auf die zukünftige Welt ausrichten.**

Das sorgt für eine **große Spannung**. An ihr kann man zerbrechen, aber auch stark werden. Die Adressaten sind schwach geworden. Das darf nicht so bleiben.

Diese Spannung macht der Verfasser mithilfe von Ps 8 deutlich. Was in Ps 8 von den Menschen allgemein gilt: ein „Wenig niedriger als Gott", (LU) das gilt spezifisch und in höherem Maß von Jesus, dem Sohn. In Ps 8 geht es zunächst um Anthropologie (Menschenkunde), in Hebr 2 um Christologie bzw. Soteriologie (Lehre von der Rettung): Er war in seinem Erdenleben niedrig, wurde dann aber rehabilitiert, mit Ehre und Herrlichkeit gekrönt. **Alles ist ihm unterworfen.** Extra wird bekräftigt: Es gibt keine Ausnahme. Mt 28,18: „Mir ist alle Macht im Himmel und auf der Erde gegeben." Kein Quadratzentimeter in einem Krankenzimmer, keine Web-Seite im Internet, kein Militärbündnis ist der Macht Jesu entzogen...

Die Spannung: Das ist noch nicht allen sichtbar.

Man kann den Eindruck bekommen, Jesus sei nicht der Herr des Ganzen. Vgl. 2 Kor 4,4, wo Paulus den Teufel den Gott dieses Äons nennt.

Jesus erntet Widerspruch statt Vertrauen. Der Sieger wirkt auf viele wie ein Verlierer. Seine Gemeinde bildet keineswegs eine Mehrheit; in ihr gibt es Versagen, Uneinigkeit, Streit. Sieht so das Volk des Messias aus? Ist es statt Wegbereiter der messianischen Zukunft der Nachlassverwalter einer Illusion? Und selbst, wenn seine Leute gute Argumente vorbringen: Schlechte Argumente gegen den Glauben werden eher akzeptiert als gute für den Glauben. Und die, die leben, wie es zum Evangelium passt (Phil 1,27), sehen oft wenig Erhörung ihrer Gebete. Diese unvermeidliche Spannung besteht, bis Jesus wiederkommt. Daran ändern auch „Wunder und außergewöhnliche Geschehnisse und viele andere Zeichen seiner Macht“ (noch) nichts. Das ist auch durch die großen Erweckungen nicht anders geworden.

Der Hebräerbrief ist deshalb ein so seelsorglicher Brief geworden, weil er so illusionslos ist.

Das ist das Spannungsfeld, in dem die Jesusleute leben. Aber wer mutet ihnen das zu? Der, dem alles ohne Ausnahme unterworfen ist.

V. 9. Wieso sehen wir Jesus „aufgrund seines Leidens und Sterbens mit Herrlichkeit und Ehre gekrönt"? Viele würden formulieren: „durch sein Todesleiden gedemütigt und entthront, entmachtet und fertiggemacht“. Es geht um ein Sehen, das klarer und weiter sieht als der Augenschein.

V. 10-15. Der Verfasser deutet den **Tod Jesu als Gnadentat Gottes,** die den Menschen den Weg zur Rettung öffnet. Gott ist hier am Werk; gerade so bricht sich seine Gnade Bahn. Hier ist kein Mangel, sondern Vollkommenheit.

Das ist kein Beweis. Auch die Deutung des Verfassers kann abgelehnt werden. Der Hebräerbrief hat auch eine Misserfolgsgeschichte.

Aber: **Die Niedrigkeit steht im Dienst der Barmherzigkeit und die Barmherzigkeit im Dienst der Herrlichkeit.** Die richtige Einschätzung der Lage bekommt, wer sich diese barmherzige Niedrigkeit Jesu gefallen lässt und sich nicht an ihr stößt.

V. 11. Mittendrin entsteht die Gemeinde der Brüder und Schwestern, deren Jesus sich nicht schämt. Der, der die stärksten Gründe dafür hätte, tut gerade das nicht. Diese Stelle gehört zu den großen Ermutigern. Sie ist ein „geistliches Antidepressivum“ ohnegleichen.

Jesus kommt hier vor als Glied des Gottesvolkes, als Gemeindeglied, das Loblieder singt und Gott Kinder vorstellt.

Er ist auf seine Weise der große Anpasser. Er passt sich der Not derer an, die er liebt und geht weit genug hinein in diese Not.

Mitten in der tiefsten Erniedrigung Jesu leuchtet seine Herrlichkeit auf.

So können wir, mitten in dieser unvermeidbaren Spannung, **erleben, wie das Spannungsfeld immer wieder zum Kraftfeld wird.** Es bleibt dabei: Wir sind „nicht Nachlassverwalter, sondern Wegbereiter“ (Klaus Hemmerle).

4 Versprochene Ruhe

Hebräer 3,7–4,13

EINSTIEG

(15–20 Minuten)
Wählen Sie bitte eine oder zwei Fragen aus.

1. Ob wir uns nach Ruhe sehnen oder sie für langweilig halten, hängt von Alter, Temperament und den jeweiligen Umständen ab. Erzählen Sie einander eine paar kurze Ruhe- bzw. Langeweile-Geschichten.

2. Schaffen Sie es, miteinander zehn Arten von Ruhe zu nennen?

3. Wie viel Ruhe brauchen wir?

4. „Ein jeder Wunsch, sobald erfüllt, kriegt augenblicklich Junge" (Wilhelm Busch). Welche Erinnerungen löst dieser Satz bei Ihnen aus?

BIBELTEXT

Die Zusage einer Ruhe für Gottes Volk. Warnung vor Unglauben

7 Aus diesem Grund mahnt uns der Heilige Geist:
„Wenn ihr heute die Stimme Gottes hört,
8 dann verschließt euch seinem Reden nicht!
Macht es nicht wie das Volk in der Wüste an jenem Tag,
als es gegen ihn rebellierte und ihn herausforderte."
9 „Damals", sagt Gott,
„haben mich eure Vorfahren herausgefordert
und einen Beweis meiner Macht von mir verlangt,
obwohl sie meine großen Taten
mit eigenen Augen gesehen hatten.
10 Vierzig Jahre lang
haben sie sich immer wieder gegen mich aufgelehnt.
Deshalb war mir jene ganze Generation zuwider.
‚Ständig lassen sie sich von ihren eigenen Wünschen irreleiten',
sagte ich;
‚aber zu begreifen, welche Wege ich sie führen will,
dazu waren sie nicht imstande.'
11 Schließlich schwur ich in meinem Zorn:
‚Niemals sollen sie an meiner Ruhe teilhaben!'"
12 Achtet also darauf, dass keiner von euch
durch eine rebellische Haltung dem Unglauben Raum gibt
und sich von dem lebendigen Gott abwendet.
13 Ermahnt und ermutigt einander vielmehr Tag für Tag,

solange dieses „Heute", von dem die Schrift spricht, noch andauert,
damit niemand unter euch sich von der Sünde betrügen lässt
und sich dadurch dem Wirken Gottes verschließt.
14 Wir sind ja mit Christus verbunden
und haben Anteil an dem, was ihm gehört –
vorausgesetzt, wir halten mit aller Entschiedenheit an dem fest,
was uns von Anfang an Zuversicht gab,
und weichen bis zuletzt nicht davon ab.
15 Noch einmal zurück zu der bereits zitierten Schriftstelle:

> „Wenn ihr heute die Stimme Gottes hört,
> dann verschließt euch seinem Reden nicht wie damals,
> als gegen ihn rebelliert wurde!"

16 Wer hatte denn Gottes Stimme gehört und sich dann trotzdem gegen ihn
aufgelehnt? War es nicht das gesamte Volk, das unter der Führung des Mose
aus Ägypten gezogen war? 17 Wer erregte denn vierzig Jahre lang Gottes
Widerwillen? Waren es nicht die, die gegen ihn sündigten und deren Leben
deshalb in der Wüste endete? 18 Und wen meinte Gott, als er schwor: „Nie-
mals sollen sie an meiner Ruhe teilhaben!"? Er sprach von denen, die sich
weigerten, auf ihn zu hören.
19 Wir sehen also, was sie daran hinderte, das Ziel zu erreichen: Es war ihr
Unglaube.

Eine verpasste Gelegenheit und ein neues „Heute"

4,1 Wie schrecklich wäre es, wenn einer von euch am Ende ebenfalls das
Urteil hören müsste, er habe das Ziel nicht erreicht! Wir wollen alles tun, da-
mit das nicht geschieht. Schließlich gilt Gottes Zusage nach wie vor; 2 auch
uns ist sein Angebot verkündet worden, an seiner Ruhe teilzuhaben, genau
wie jenen Menschen damals. Ihnen allerdings hat es nichts genützt, diese
Botschaft zu hören, weil zum Hören nicht der Glaube hinzukam. 3 Wir jedoch
haben die Botschaft geglaubt und angenommen, und wer das tut, bekommt
Anteil an seiner Ruhe – an der Ruhe, auf die Gott sich bezog, als er sagte:

> „Ich schwor in meinem Zorn:
> ‚Niemals sollen sie an meiner Ruhe teilhaben!'"

Nun gibt es diese Ruhe zwar schon seit der Erschaffung der Welt, 4 denn
dort, wo vom siebten Schöpfungstag die Rede ist, lesen wir: „Am siebten
Tag, als Gott das ganze Werk der Schöpfung vollendet hatte, ruhte er." 5 Und
doch sagt Gott, wie eben zitiert: „Niemals sollen sie an meiner Ruhe teil-
haben!" 6 Die Erfüllung seiner Zusage, Menschen an seiner Ruhe Anteil zu ge-
ben, steht also immer noch aus; die, denen er dieses Angebot ursprünglich
machte, haben das Ziel nicht erreicht, weil sie ihm nicht gehorchten. 7 Des-
halb hat Gott für eine neue Gelegenheit gesorgt; es ist dieses „Heute", von
dem er – lange nach jenem Geschehen – durch David an der bereits erwähn-

ten Stelle sagt: „Wenn ihr heute die Stimme Gottes hört, dann verschließt
euch seinem Reden nicht!“ 8 Zwar hat Josua die Israeliten in das zugesagte
Land geführt, aber an der eigentlichen Ruhe hatten sie deswegen immer noch
nicht teil; sonst hätte Gott nicht zu einem späteren Zeitpunkt noch einmal von
einem „Heute“ gesprochen. 9 Somit wartet auf Gottes Volk noch eine Zeit voll-
kommener Ruhe – die wahre Sabbatfeier. 10 Denn wer an Gottes Ruhe Anteil
bekommt, darf von all seiner Arbeit ausruhen, genauso wie Gott ruhte, als er
alles erschaffen hatte.

11 Setzen wir also alles daran, an dieser Ruhe teilzuhaben, und lassen wir uns den Ungehorsam jener früheren Generation als warnendes Beispiel dienen, damit wir nicht wie sie zu Fall kommen!

Gottes Wort – ein unbestechlicher Richter

12 Denn eines müssen wir wissen: Gottes Wort ist lebendig und voller Kraft.
Das schärfste beidseitig geschliffene Schwert ist nicht so scharf wie dieses
Wort, das Seele und Geist und Mark und Bein durchdringt und sich als Rich-
ter unserer geheimsten Wünsche und Gedanken erweist. 13 Kein Geschöpf ist
vor Gott verborgen; alles liegt offen und ungeschützt vor den Augen dessen
da, dem wir Rechenschaft geben müssen.

BIBELGESPRÄCH

(30–40 Minuten) Wählen Sie ggf. unter den Fragen aus.

1. Für „Ruhe“ stehen hier zwei Worte: *katápausis* (darin kann man unser Wort „Pause“ hören. Als Substantiv: Hebr 3,11.18; 4,2.3.5.10.11, als Verb: Hebr 4,4.8.10) und *sabbatismós* (4,9, NGÜ: „Sabbatfeier“). Wie sind sie inhaltlich zu füllen? Siehe auch die Erläuterungen zu Kap. 4,3-11.

2. Welche Art von Ruhe brachte Josua dem Volk, Kap. 4,8?

3. „Heute“: Es gibt in der Bibel einen Zusammenhang von Zeitbewusstsein und Verantwortungsbewusstsein. Versuchen Sie, einander diesen Zusammenhang klarzumachen, evtl. auch, indem Sie Geschichten außerhalb des Hebräerbriefs heranziehen.

4. „Das schärfste beidseitig geschliffene Schwert“: Der Ausdruck wird heute auch mit „Skalpell“ übertragen, Kap. 4,12. Darin kommt der technische Fortschritt zum Ausdruck. Welche Assoziationen weckt der Ausdruck „Schwert“, die der Ausdruck „Skalpell“ nicht weckt? Welche Assoziationen weckt der Ausdruck „Skalpell“, die der Ausdruck „Schwert“ nicht hervorruft? An welchem Ort wird das Schwert eingesetzt, an welchem das Skalpell? Wer nimmt ein Schwert in die Hand, wer ein Skalpell?

5. In V. 12 stehen Wortpaare, die benennen, was da durch das Schwert voneinander getrennt wird: Seele – Geist, Mark – Bein. Erklären Sie einander, wie Sie das verstehen.

6. Was bedeuten Hebr 4,12+13 in der spezifischen Lage der Adressaten?

7. Unser schärfster Kritiker: das Wort Gottes. Das zeigt sich bei den alttestamentlichen Propheten (etwa in 1 Kön 22,7-28; Jer 23,29), im Leben Jesu (Joh 5,39 + 40), in den Paulusbriefen (2 Tim 3,16). In der Johannesoffenbarung wären Kap. 2 + 3 zu nennen. Kennen Sie weitere Beispiele?

AUSTAUSCH

(15–30 Minuten)
Wählen Sie ggf. unter den Fragen aus. Sie können das Gespräch mit einem gemeinsamen Gebet abschließen.

1. Wie gehen wir damit um, dass wir lieber bestätigt, als gewarnt werden möchten?

2. Wo sehnen wir uns nach einer Ruhe, die Gott uns für die Gegenwart noch nicht versprochen hat?

3. Das Wort Gottes ist nicht *nur* Kritiker. Als was erleben wir es in unserem Miteinander noch?

4. Die Geschichte von der Wüstenwanderung nimmt im Alten Testament viel Raum ein. Welche der berichteten Geschichten halten unsere Vorfreude auf die Ruhe Gottes frisch?

5. Heute empfiehlt man in christlichen Kreisen oft, dass wir „sabbatlich“ leben sollen, statt uns durchs Leben hetzen zu lassen. Wie könnte das aussehen?

KONKRETE SCHRITTE

Entscheiden Sie, was Sie in der kommenden Woche ganz praktisch tun wollen.

1. Werden Sie sich darüber klar, wie Ihr Sabbatverständnis und Ihr Ewigkeitsverständnis zusammenhängen und einander beeinflussen. Machen Sie sich Notizen.

2. Was möchten Sie nach der Beschäftigung mit Hebr 3,7–4,13 besonders festhalten? Was möchten Sie konkret in die Praxis umsetzen – im Blick auf Ihre Einstellungen, Ihr Denken, Ihre Worte und Ihr Handeln?

Der Verfasser des Hebräerbriefs übt eine markante Briefseelsorge, indem er die Bibel auslegt und mit der Situation der Gemeinde konfrontiert. Für ihn ist Bibelkunde mehr als ein Lernfach oder eine Pflichtübung. Geschichten, die Jahrhunderte zurückliegen, erleuchten die Gegenwart (vgl. bei Paulus Röm 15,4). Das ist **nicht „Schnee von gestern"**, sondern ein höchst dynamisches „Heute".

Wortstatistisch gesehen ist 3,7–4,13 **der ruhigste Abschnitt der Bibel**. Bei näherem Hinsehen zeigt sich die Sorge, die Adressaten könnten diese Ruhe verpassen. Der Schreiber zeigt ihnen das und lässt ihnen die Würde ihrer Verantwortung.

Seine Seelsorge kann nicht nur ermutigen, sie kann und muss auch **warnen**. Hier redet einer Klartext. Er tut es, damit die nötigen **Klärungsprozesse** durchgestanden werden und zu einer neuen Klarheit der Jesusbeziehung führen.

Er warnt vor **Unglauben**. Der wird in diesem Abschnitt von den entsprechenden Geschichten im 2. Buch Mose her verstanden als ein Sich-Verschließen gegenüber dem Reden Gottes, als Nicht-Hören, als Verfehlen des Ziels (vgl. 2,1), als Herausforderung, Provokation Gottes, als Rebellion, als Verführung durch eigene Wünsche, als Begriffsstutzigkeit gegenüber den Wegen Gottes, als Abwendung von dem lebendigen Gott, als ein Verspielen des Lebens. Glaube ist das Gegenteil davon.

„Ruhe" ist hier der Inbegriff all dessen, wohin Gott sein Volk führt und was am Ziel auf seine Leute wartet. Von Langeweile ist diese Ruhe Lichtjahre entfernt.

Kap. 3,7-8. Es wird jetzt ziemlich lange um **Ps 95** gehen. Er enthält keine Verfasserangabe. Dass hier „der Heilige Geist mahnt" (V. 7), ist aber keine Verlegenheitsangabe, die diese Lücke ausfüllen soll. Das wäre auch so, wenn ein menschlicher Verfasser, z. B. David, genannt wäre.

„Heute" und **„an jenem Tage"** gehören zusammen. Das warnende Beispiel zeigt, wohin man kommt, wenn man das Reden Gottes nicht ernst nimmt, statt, wie es vernünftig wäre, sich ihm zu öffnen.

V. 9-10. Gottes Volk provozierte Gott. Er hatte sich sehr zu ihren Gunsten engagiert; sie vergaßen, was er ihnen Gutes getan hatte (vgl. dagegen Ps 103,2: „Vergiss nicht, was er dir Gutes getan hat"). Das Stichwort „Murren", das im 2. und 4. Buch Mose mehrfach das negative Verhalten des wandernden Gottesvolkes kennzeichnet, kommt hier nicht vor, weil es in Ps 95 nicht vorkommt. Es lohnt sich generell, auch auf den **„Auflehnungswortschatz"** der Bibel zu achten.

V. 11. Gott schwört, aber Jesus verbietet das Schwören (Mt 5,33-37). Das ist kein Widerspruch. Bei den Menschen geht es darum, der Unwahrheit Grenzen zu setzen. Wer vor Gericht schwören muss, lügt hoffentlich nur noch halb so viel. So etwas soll bei den Jesusleuten nicht nötig sein. Der Schwur Gottes dagegen soll kein problematisches Verhalten Gottes verhindern, sondern seinem problematischen Volk gegenüber größtmögliche Deutlichkeit schaffen. „Ich mache wirklich, was ich angekündigt habe. Meint nicht, ich bin nicht konsequent."

V. 12-14. Für die Adressaten bedeutet das jetzt: gegenseitig so **füreinander Verantwortung zu übernehmen**, dass das Feuer der Rebellion keine Nahrung erhält. Den Ernst der Lage ernst nehmen: Es droht der Abfall vom lebendigen Gott, der Verlust des Heils. **„Heil"**, **„Rettung"** kommt im Hebräerbrief siebenmal vor: 1,14; 2,3.10; 5,9; 6,9; 9,29; 11,7. In den anderen neutestamentlichen Briefen seltener, am häufigsten im Römerbrief (fünfmal) und 2 Korintherbrief (viermal). **Die Verbundenheit mit Christus aufs Spiel setzen (V. 14), das kann man als Christ doch nicht im Ernst wollen!**

V. 15-19. Ein weiterer Aspekt der Exodusgeschichte: Von Gott her ist wirklich etwas geschehen, das die Lage grundsätzlich zum Guten geändert hat. Und das wurde verspielt! **Das darf doch jetzt nicht noch einmal passieren!** Dass Gottes Volk sich Gott verweigert, führt zu Gottes heiligem Widerstand. Wir „sehen", wenn wir die biblische Geschichte hören, wie sie nicht in das verheißene Land kamen und ihr Leben in der Wüste endete (im Griechischen noch drastischer: Ihre Leiber fielen in der Wüste; die Leichen lagen unbestattet herum). Wollt ihr, dass das eure Zukunft ist?

Kap. 4,1-2. Das Schreckliche kann noch vermieden werden; die Adressaten können sich noch anders verhalten. Die Trennung von Hören und Vertrauen muss schnellstens aufhören. Dem Hören muss jetzt wieder der Glaube beigemischt werden. **Der Glaube ist das Mittel, durch das das Gehörte zur Tat wird.**

Dass jetzt noch die Tür aufsteht, liegt einzig und allein daran, dass Gott sie noch offenhält; er hätte längst das Recht gehabt, sie zu schließen.

V. 3-11. Die Adressaten kennen die **Schöpfungsgeschichte.** Deshalb kann der Verfasser sich damit begnügen, den einen Satz herauszugreifen, der für das, was er von Ps 95 her sagt, eine wichtige Ergänzung darstellt (1 Mo 2,2).

Das griechische Wort für „Ruhe", das hier mehrfach vorkommt, heißt *katápausis*. Unschwer erkennt man darin unser Wort „Pause". In Vers 9 steht jedoch *sabbatismós*, die **Sabbatruhe.** Das ist unvorstellbar gut, Erfüllung pur.

Wenn Gott am siebten Tag ruhte, dann nicht, weil er nach lauter Arbeitstagen jetzt aus der Puste ist und seinen Muskelkater auskurieren muss. Sein Ruhen ist im Frühjudentum als **etwas sehr Heilvolles und unausdenkbar Gutes** angesehen worden, an dem er durch das Sabbatgebot seinem Volk Anteil gibt. Welch eine Gabe! Da kann man nur gratulieren! Den Glaubenden in der Gegenwart wird gesagt: Auch euch hat Gott das zugesagt. Aber es ist noch nicht da; es steht noch aus; ihr müsst noch darauf warten. Das ist eine gefährliche Situation. Da kann man schlappmachen und kommt nicht ans Ziel. Das könnte euch passieren, das darf euch aber nicht passieren, und das muss euch auch nicht passieren!

Was Gott schon an Ruhe geschenkt hat, als er Israel durch Josua ins verheißene Land führte, war noch nicht das Ganze. Die **Teilerfüllung** ist eben nur – aber immerhin auch – Teil. **Gottes Verheißung hat eine auf die Ewigkeit, auf das kommende große Ganze, bezogene Dynamik, die ihr verstehen lernen müsst.** Dann werdet ihr euch vom warnenden Beispiel der Wüstengeneration zum Marathonlauf des Vertrauens zu Jesus inspirieren lassen, statt das Vertrauen wegzuwerfen, das eine große Belohnung hat (10,35).

Der Verfasser hat also absichtlich aus den Stellen, an denen „Ruhe" vorkommt, diejenige herausgegriffen, die am stärksten warnt bzw. die, die am deutlichsten sagt, dass das Ziel der Ruhe noch nicht erreicht ist.

Die hier nicht behandelten Verse 14-16 blicken zurück auf das bisher Gesagte, nennen (nach 2,16 und 3,1) Jesus zum dritten Mal „Hohepriester" und geben eine Vorschau auf die Hauptbotschaft des Hebr bis 10,31.

5 Verständnisvoller Hohepriester

Hebräer 5,1-10

EINSTIEG
(15–20 Minuten)
Wählen Sie bitte eine oder zwei Fragen aus.

1. Wenn Sie jemandem von einer schweren Lebenssituation erzählen und Ihr Gegenüber sagt *sehr schnell* „Ich verstehe Dich gut!“: Welchen Eindruck hinterlässt das bei Ihnen?

2. Welches waren die besonders gelungenen Lernprozesse in Ihrem Leben?

3. Was ist das Gegenteil von „eigenmächtig“? Nennen Sie möglichst viele Formulierungen.

4. Erzählen Sie einander von Situationen, wo Schwäche etwas Positives bewirkt hat.

5. Für „Anmaßung“ nennt der Duden u. a. die Synonyme (bedeutungsähnliche Wörter) Hochmut, Überheblichkeit, Unverschämtheit, Vermessenheit, Hybris, Arroganz, Dünkel und Hochnäsigkeit. Zu welchen Wörtern können Sie Beispiele erzählen?

6. „Man soll nicht Äpfel mit Birnen vergleichen.“ Wie verstehen Sie diese Redensart? Schauen Sie doch einmal in Google nach.

BIBELTEXT

Jesus, der große Hohepriester

1 Ein Hoherpriester ist jemand, der aus dem Kreis seiner Mitmenschen herausgerufen und für seine Mitmenschen eingesetzt wird mit dem Auftrag, vor Gott für sie einzutreten und für ihre Sünden Gaben und Opfer darzubringen.
2 Er kann die verstehen, die aus Unwissenheit oder durch ein Versehen vom richtigen Weg abkommen, denn er kennt die menschliche Schwachheit aus
eigener Erfahrung. 3 Allerdings muss er deshalb auch für seine eigenen Sünden Opfer darbringen und nicht nur für die des Volkes.
4 Im Übrigen kann sich niemand eigenmächtig zum Hohenpriester machen; man muss von Gott zu dieser ehrenvollen Aufgabe berufen sein, wie es schon bei Aaron der Fall war.
5 Genauso war es auch bei Christus. Er hat es sich nicht selbst angemaßt, Hoherpriester zu werden; vielmehr wurde ihm diese Würde von dem verlie-

hen, der zu ihm gesagt hat: „Du bist mein Sohn; heute habe ich dich gezeugt.“ 6 An einer anderen Stelle sagt Gott nämlich: „Du sollst für alle Zeiten Priester sein – ein Priester von derselben priesterlichen Ordnung wie Melchisedek.“

7 Als Christus hier auf der Erde war – ein Mensch von Fleisch und Blut –, hat er mit lautem Schreien und unter Tränen gebetet und zu dem gefleht, der ihn aus der Gewalt des Todes befreien konnte, und weil er sich seinem Willen in Ehrfurcht unterstellte, wurde sein Gebet erhört. 8 Allerdings blieb es selbst ihm, dem Sohn Gottes, nicht erspart, durch Leiden zu lernen, was es bedeutet, gehorsam zu sein. 9 Doch jetzt, wo er durch sein Leiden vollkommen gemacht ist, kann er die retten, die ihm gehorsam sind; ihm verdanken sie alle ihr ewiges Heil. 10 Gott selbst hat ihn zum Hohenpriester ernannt, zu einem Hohenpriester von derselben priesterlichen Ordnung wie Melchisedek.

BIBELGESPRÄCH

(30–40 Minuten)
Wählen Sie ggf. unter den Fragen aus.

1. Was macht Jesus zu einem legitimen Hohenpriester, wo er doch nicht levitisch-aaronitischer Herkunft war? Siehe hierzu auch die Erläuterungen.

2. Der Hohepriester vereinte zeitweise verschiedene Funktionen: priesterliche: Er opfert; politische: Er ist Staatsoberhaupt (wenn auch von Gnaden der Römer) und juristische: Er ist Vorsitzender des obersten Gerichtshofes (Synedrium/Hoher Rat). Auf welche Funktion konzentriert sich der Hebräerbrief?

3. Zwischen 37 v. Chr. (Herodes der Große beginnt zu regieren) und 70 n. Chr. (Jerusalem und der Tempel werden zerstört), also innerhalb von 107 Jahren hat es in Jerusalem 28 Hohepriester gegeben. Was bedeutet das für die Auslegung des Hebräerbriefs?

4. Auf welches Ereignis im Erdenleben Jesu wird hier (V. 7-8) angespielt? Welche Einzelheiten aus diesem Bericht helfen Ihnen, diese Verse zu verstehen? Siehe hierzu die Erläuterungen.

5. Inwiefern musste Jesus in seiner Passion Gehorsam lernen, wo er doch von Ewigkeit her der gehorsame Sohn ist?

6. Hält man die Geschichte in den Evangelien, in der Jesus vor Kaiphas steht (Mt 26,57-67; Mk 14,53-65; Lk 22,66-71; Joh 18,12-14.19-24) und den Hebräerbrief nebeneinander, könnte man sagen: Hier stehen sich Hoherpriester und Hoherpriester gegenüber. Charakterisieren Sie die beiden Hohepriester.

AUSTAUSCH

(15–30 Minuten) Wählen Sie ggf. unter den Fragen aus. Sie können das Gespräch mit einem gemeinsamen Gebet abschließen.

1. Was gewinnen wir, wenn wir uns vom Hebräerbrief differenziert beibringen lassen, dass Jesus unser Hoherpriester ist?

2. Inwieweit hat die Solidarität Jesu mit uns Menschen von Fleisch und Blut auf mich „abgefärbt“? Wo wird diese Solidarität in unserem Gemeindeleben sichtbar?

3. Was bedeuten die Verse, die wir eben miteinander gelesen haben, für unsere eigenen Gethsemane-Situationen?

4. Was bedeutet es für unser Vertrauen auf Jesus, dass er sich in seinem Erdenleben nie etwas angemaßt hat, sondern immer im Rahmen seiner Berufung geblieben ist? Vgl. dazu auch Joh 5,30 und Joh 17,1-8.

KONKRETE SCHRITTE

Entscheiden Sie, was Sie in der kommenden Woche ganz praktisch tun wollen.

1. Das Neue Testament hat eine sehr reichhaltige Christusverkündigung und viele Bezeichnungen für Jesus. Nehmen Sie sich eine halbe Stunde Zeit und notieren Sie, welche Aspekte für Sie bisher im Vordergrund gestanden haben.

2. Was möchten Sie nach der Beschäftigung mit Hebr 5,1-10 besonders festhalten? Was möchten Sie konkret in die Praxis umsetzen – im Blick auf Ihre Einstellungen, Ihr Denken, Ihre Worte und Ihr Handeln?

ERLÄUTERUNGEN

Gott hat im Alten Testament Institutionen, Lebens- und Denkformen bereitgestellt, die uns helfen, das Christusgeheimnis zu verstehen, z.B. den Opferkult mit dem dazugehörigen Personal, das Königtum, das Prophetentum und die Weisheit.

Das Alte Testament, in der Regel in der griechischen Übersetzung, der Septuaginta (LXX), war die Bibel der Urchristenheit. Judenchristen lernten es von Jesus, dem Messias Israels, her lesen. Heidenchristen brauchten reichlich Nachhilfeunterricht, in die großen Zusammenhänge der Heilsgeschichte hineinzufinden.

Der Schreiber des Hebräerbriefs konzentriert sich besonders auf die Verkündigung von Jesus, dem Hohenpriester, wenn er die Einzigartigkeit von Jesus zeigt – und das Weggehen von Jesus als das Verkehrteste, was man tun kann, zu verhindern sucht.

Das Wort „Hoherpriester“ kommt meist in den Evangelien und der Apostelgeschichte vor (105 Mal), nicht in den Briefen außer im Hebräerbrief (dort 17 Mal, nämlich in 2,17; 3,1; 4,14.15; 5,1.5.10; 6,20; 7,26-28; 8,1.3; 9,7.11.25; 13,11) und nicht in der Offenbarung.

In den Evangelien sind in der Regel die amtierenden bzw. noch lebenden Hohenpriester gemeint. Im Hebräerbrief geht es um den Vergleich zwischen den **„normalen"** Hohenpriestern und dem **besonderen** Hohenpriester Jesus.

In der programmatischen Einleitung des Hebr 1,1-4 kam „Hohepriester" nicht vor, aber indirekt wird durch die Formulierung „nachdem er das Opfer gebracht hat, das von den Sünden reinigt" (1,3), das Werk genannt, das im weiteren Verlauf des Briefes als Vollzug seines Hohepriesteramtes dargestellt wird, siehe besonders 5,1b.

Melchisedek (1 Mo 14,17-20; Ps 110,4) kommt im NT achtmal vor und zwar **ausschließlich in Hebr 5–7**. Dass hier etwas Besonderes gesagt werden soll, verrät schon die Schlüsselformulierung aus Ps 110,4, „ein Priester von derselben priesterlichen Ordnung wie Melchisedek", also nicht nach der Ordnung Aarons.

Jesus, in Bethlehem geboren, das zum Stamm Juda gehörte, stammte nicht aus dem Stamm Levi; er war kein Aaronide. **Er hatte von seiner menschlichen Herkunft her nie die Chance, Hohepriester zu werden.** Von daher ist Hohepriester (oder auch nur: Priester) eigentlich eine unpassende Kategorie.

Achtet man aber darauf, für was ein Hohepriester da ist, sieht das Ganze anders aus, und es wird deutlich, dass der Schreiber diese Kategorie ganz bewusst ausgesucht hat, um von Jesus zu sprechen. **Was Jesus durch seinen Tod erreicht hat, ist zentral das, worauf die Hohepriesterkategorie zielt.** Jesu Tod wird in dieser hohepriesterlichen Kategorie gedeutet. Der Hohepriester ist die gottesdienstliche Zentralgestalt Israels. Hier geht es vor allem um Vergebung und Gottesgemeinschaft. Nur so kann Jahwe unter seinem Volk wohnen. Vgl. 2,17: „durch den die Sünden des Volkes gesühnt werden" und 7,19: „was uns einen ungehinderten Zutritt zu Gott möglich macht".

Dass Jesus unser Hohepriester ist, hat für die **Argumentationskraft des Briefes** entscheidende Bedeutung. Gerade einem Judenchristen tun sich hier viele Perspektiven auf. Und Heidenchristen brauchen hier viel „Nachhilfeunterricht".

Es lässt sich leicht zeigen, dass der Hohepriester Jesus alle anderen Hohenpriester Israels weit übertrifft. Er ist von einer **anderen Qualität**. Deshalb ist sein Werk auch von einer anderen Qualität als das der „normalen" Hohenpriester Israels, und deshalb hat es **keinen Sinn, sich von dem Hohenpriester Jesus zu entfernen**. Das einzig Sinnvolle ist, ihm zu vertrauen, auf ihn aufzuschauen und ihn zu bekennen. Zum Hinzutreten gibt es keine Alternative. In der „Hohepriesterfrage" steht das Erfahren der Gnade Gottes auf dem Spiel (4,16).

Schon vor Kap. 5 stehen zwei wichtige Formulierungen. 3,1: Jesus ist Hohepriester und Apostel. 4,14-15: Der Hohepriester ist der Sohn Gottes, der die Himmel durchschritten hat. Als einer, der in der gleichen Weise wie die Menschen versucht wurde, kann er mit unserer Schwachheit Mitleid haben. Mitleid ist hier wie auch sonst in der Bibel nicht nur Bedauern, sondern passgenaue Hilfe.

In den **V. 1-4** referiert der Verfasser **„Hohepriester-Grundwissen"**, das er wohl bei den Adressaten voraussetzen kann und das er dann ab V. 5 auf Jesus hin zuspitzt.

Der Hohepriester gehört in den Kreis seiner Mitmenschen, ist in dieser Hinsicht also ganz „normal". Man könnte sagen, ihm ist „nichts Menschliches fremd". Was ihn zu etwas Besonderem macht, ist seine Berufung. Diese Berufung hat **zwei Grundaspekte**: die **Fürbitte für Gottes Volk** und das **Darbringen von Opfern**. Beide Aspekte haben damit zu tun, dass Gottes Volk immer wieder sündigt.

V. 2. Auch darin ist der Hohepriester „normal": Er braucht Gottes Vergebung genauso, wie alle anderen auch. Insofern kann er die Menschen verstehen, für die er da ist. Er ist ja wie alle anderen **auch Teil des Problems**. Von ihm kann man verständnisvolle Solidarität erwarten.

Die Formulierung „die aus Unwissenheit oder durch ein Versehen vom richtigen Weg abkommen", spielt auf eine wichtige **Unterscheidung** an. Die **Sünde aus Versehen** (4 Mo 15,22-29) wird durch das Opfer gesühnt. Die **„Sünde mit der erhobenen Hand"** (vgl. 1 Tim 2,8 und 4 Mo 15,30-31), die bewusste und vorsätzliche, findet keine Sühne.

V. 3. Gott hat den, der Teil des Problems ist, berufen, **Teil der Lösung** zu sein. Er spielt deshalb eine zentrale Rolle im Opferdienst, den Gott seinem Volk gnädig gewährt, um als heiliger Gott inmitten der Unheiligen wohnen zu können. Der Grundsatz: „Seid heilig, denn ich, der HERR, euer Gott, bin heilig" (**3 Mo 19,2** u. ö.), gilt für alle. Er spitzt sich am großen Versöhnungstag zu, am **Jom Kippur**, wenn der Hohepriester das Allerheiligste betritt, nachdem er sich vorher geheiligt hat (3 Mo 16). Sich selbst zu heiligen, bevor man das Opfer bringt, ist unbedingt notwendig und war nach 3 Mo 9,7 schon beim ersten Opfer Aarons so.

V. 4. Dass hier **keine Eigenmächtigkeit** infrage kommt, zeigt sich schon an der Vielzahl der Bestimmungen, die Gott für die konkrete Ausübung des Hohepriesteramts gegeben hat.

„Wie es schon bei Aaron der Fall war": Siehe 2 Mo 28,1.

V. 5-10. Auch der Messias erfüllt seinen messianischen Auftrag nicht eigenmächtig, sondern weil Gott ihn dazu **berufen** hat. Das wird dreimal gesagt: in V. 1, 5 und 10. Das ist aus Ps 2,7 und Ps 110,4 (jeweils nach der Septuaginta) zu entnehmen, die hier kombiniert werden. In Ps 2,7 ist mit der Formulierung „heute habe ich dich gezeugt" die Einsetzung in diese Aufgabe gemeint; nicht eine Zeugung, die in Konkurrenz träte mit dem Sohnsein Jesu von Ewigkeit her (1,1-2). Das zweite Zitat **(V. 6)** bringt mit dem Stichwort **„für alle Zeiten"** einen Aspekt ein, der später (7,26-28) deutlicher entfaltet wird: Was Jesus bewirkte, gilt einfür allemal und braucht und darf deshalb nicht ergänzt oder wiederholt werden. Hier haben wir es mit dem vollkommenen Hohenpriester zu tun.

Ps 110,4, zitiert in V. 6 und V. 10, bringt eine **Überraschung**. Wer an Priester bzw. Hohenpriester denkt, denkt normalerweise an Aaron und die Leviten. Durch Gottes Anordnung ist hier eine Ordnung entstanden, eine Einrichtung, die ihr besonderes Profil hat. Davon geht der Verfasser jetzt aber weg; das ist eine entscheidende Weichenstellung in diesem Brief. Ihm ist entscheidend wichtig, dass Gott **noch eine andere Ordnung** (griechisch: *táxis*) gestiftet hat. Auf die stoßen wir in der Melchisedek-Geschichte (1 Mo 14,17-20).

Zwischen die beiden Erwähnungen der Ordnung wie bei Melchisedek (V. 6 und 10b) stellt der Verfasser ein ganzes Bündel inhaltlich entscheidender **Aussagen über Christus** (V. 7-10a). Er war in seinem Erdenleben „ein Mensch von Fleisch und Blut", also einer von uns, der uns versteht und Erbarmen hat mit unserer Schwachheit, einer, der sich seiner Geschwister nicht schämt. Der Sohn von Ewigkeit überbietet als Hohepriester nach der Ordnung wie Melchisedek die Solidarität der „normalen" Hohepriester. Es folgt eine Anspielung auf die Gethsemanegeschichte. Der Verfasser nimmt wohl an, dass die Leser sie kennen. Er gerät in die Gewalt des Todes (vgl. 2,14-15!) und ist darauf angewiesen, dass Gott ihn rettet, er ergibt sich ganz in den Willen Gottes.

Für viele erstaunlich ist, dass hier von einem **Lernprozess Jesu** die Rede ist. Wie kann er lernen müssen, wenn er doch von Ewigkeit her der vollkommene Sohn Gottes ist? Aber in seiner Passion musste er eine Erfahrung durchstehen, die er so noch nie gemacht hatte, ein neues Erleben tiefster Not und Anfechtung. Jetzt kennt er das aus Erfahrung. Die Folge: Jetzt ist er zum **„Heilsverursacher"** geworden. „Ihm verdanken sie ihr ewiges Heil" gibt die NGÜ am Rand wörtlich wieder: Er ist „zum Urheber ewigen Heils geworden."

Melchisedek ist für die Argumentation des Verfassers geeignet, weil er **wie Jesus „Hohepriester außer der Reihe"** war. Hat Melchisedek nur veranschaulichenden Charakter? Dann würden wir wohl die beiden Zitate nicht ernst genug nehmen. Bibelzitate sind im Hebräerbrief fast immer das Fundament, auf dem die Argumentation ruht. Weil die Einsetzung von Gott herkam, ist **alles mit rechten Dingen zugegangen**. Dieses außergewöhnliche Priestertum ist damit eben nicht ein illegitimes, sondern ein in Gott begründetes und daher einzigartig und endgültig in dem, was es bewirkt.

Hoffnungsvolle Kritik

6

Hebräer 5,11–6,12

EINSTIEG
(15–20 Minuten)
Wählen Sie bitte eine oder zwei Fragen aus.

1. Manchmal hört man den Satz: „Stillstand ist Rückschritt.“ Woran denken Sie, wenn Sie diesen Satz hören?

2. Erziehung zur Kritikfähigkeit ist seit vielen Jahrzehnten eines der wichtigsten Erziehungs- und Bildungsziele. Wie hoch steht Kritikfähigkeit auf Ihrer persönlichen Werteskala? Wie füllen Sie den Begriff inhaltlich? Wo sehen Sie Ergänzungsbedarf?

3. „Was lange währt, wird endlich gut.“ Wo sehen Sie in Ihrem Leben eine Bestätigung dieses alten Sprichworts? Wo möchten Sie widersprechen?

4. Falls jemand im Hauskreis ein Hörgerät trägt, bitten Sie ihn um einen kurzen Erfahrungsbericht. Wie war es vorher? Wie fühlt es sich jetzt an? Was rät er anderen, die Angst haben, einen Hörtest machen zu lassen?

BIBELTEXT

Im Glauben erwachsen werden

11 Darüber haben wir noch viel zu sagen; allerdings wird es schwierig sein,
euch diese Dinge zu erklären, weil ihr in letzter Zeit so wenig Interesse daran
zeigt; es ist geradezu, als wärt ihr schwerhörig geworden. 12 Eigentlich müss-
tet ihr längst in der Lage sein, andere zu unterrichten; stattdessen braucht ihr
selbst wieder jemand, der euch die grundlegenden Wahrheiten der Botschaft
Gottes lehrt. Ihr habt sozusagen wieder Milch nötig statt fester Nahrung.
13 Wer nur Milch verträgt, ist ein Kind und hat noch nicht die nötige Erfahrung,
um sein Leben so zu gestalten, wie es nach Gottes Wort richtig ist. 14 Feste
Nahrung hingegen ist für Erwachsene, für reife Menschen also, deren Urteils-
fähigkeit aufgrund ihrer Erfahrung so geschult ist, dass sie imstande sind,
zwischen Gut und Böse zu unterscheiden.

6,1 Weil uns nun aber daran liegt, dass ihr im Glauben erwachsen werdet,
wollen wir nicht bei den Anfangslektionen der Botschaft von Christus ste-
hen bleiben, sondern uns dem zuwenden, was zur Reife im Glauben gehört.
Wir wollen nicht von neuem über die Dinge reden, die das Fundament bil-
den: über die Abkehr von Taten, die letztlich zum Tod führen, und über den
Glauben an Gott, 2 über die Bedeutung der Taufe im Unterschied zu anderen
Waschungen und über die Handauflegung, über die Auferstehung der Toten

und über das letzte Gericht mit seinem ewig gültigen Urteil. 3 Nein, wenn Gott
es zulässt, wollen wir jetzt weitergehen.

Konsequenzen der Abwendung vom Glauben

4 Denn eines steht fest: Wenn einem Menschen einmal die Augen für die Wahr-
heit geöffnet wurden und er die Gnade kennen gelernt hat, die Gott schenkt,
wenn er Anteil am Heiligen Geist erhalten 5 und Gottes wunderbares Wort und
die Kräfte der kommenden Welt kennen gelernt hat 6 und sich dann bewusst
von Gott abwendet, ist es unmöglich, ihm erneut zur Umkehr zu verhelfen. Mit
seinem Verhalten kreuzigt er ja – zu seinem eigenen Verderben – den Sohn
Gottes noch einmal und setzt ihn von neuem der öffentlichen Schande aus.

7 Wie ist es – um einen Vergleich zu gebrauchen – bei einem Acker, der
durch häufigen Regen gut bewässert ist? Wenn er Pflanzen wachsen lässt, die
denen, die ihn bebauen, von Nutzen sind, steht er unter dem Segen Gottes.
8 Wenn er aber nichts als Dornen und Disteln hervorbringt, ist er unbrauch-
bar. Er zieht den Fluch Gottes auf sich und wird schließlich abgebrannt.

Die Zuverlässigkeit von Gottes Zusagen

9 Trotz dieser ernsten Worte sind wir überzeugt, liebe Freunde, dass auf euch
der bessere Teil dieses Vergleichs zutrifft und dass eure Rettung nicht in Frage
gestellt ist. 10 Denn Gott ist nicht ungerecht; er vergisst nicht, was ihr alles ge-
tan habt. Ihr habt bewiesen, wie groß eure Liebe zu ihm ist, indem ihr den an-
deren Gläubigen tatkräftig zur Seite gestanden habt, wie ihr es ja auch wei-
terhin tut. 11 Es ist deshalb unser dringender Wunsch für jeden von euch, dass
ihr bis zuletzt denselben Eifer an den Tag legt, damit sich die Hoffnung, die
Gott euch gab, voll und ganz erfüllt. 12 Werdet also nicht gleichgültig, sondern
nehmt euch die zum Vorbild, die unbeirrt und voll Vertrauen auf das ihnen zu-
gesagte Erbe warteten und die es daher auch in Empfang nehmen werden.

BIBELGESPRÄCH
(30–40 Minuten)
Wählen Sie ggf. unter den Fragen aus.

1. In Kap. 5,12 heißt es in der NGÜ: „in der Lage sein, andere zu unterrichten“. Im Grundtext steht: „Lehrer sein“. Was meint dieses Lehrersein? Was sollen sie können?

2. Wie kommt es zu einer geistlichen Urteilsfähigkeit?

3. Vollkommenheit wird hier nicht als Fehlerlosigkeit oder moralische Perfektion verstanden, sondern als Reife und Erwachsenwerden. Was bedeutet das für die Seelsorge?

4. Der Verfasser sieht die Leser nahe am Abgrund, zeigt aber keinerlei Resignation, sondern ist voller Hoffnung. Wie ist diese Hoffnung begründet? Siehe auch die Erklärungen zu den V. 9-12.

5. Vergleichen Sie diese Hoffnung mit der, die Paulus in Phil 1,6 äußert. Wie ist dort die Situation der Gemeinde?

6. Welche Motivation steht hinter den Worten, die bedrohlich klingen? Sehen Sie in den Erklärungen nach.

AUSTAUSCH

(15–30 Minuten) Wählen Sie ggf. unter den Fragen aus. Sie können das Gespräch mit einem gemeinsamen Gebet abschließen.

1. Was könnte uns an Jesus irrewerden lassen?

2. Gibt es so etwas wie „Abfall-Prophylaxe“? Wie kann man dem vorbeugen, in eine Lage zu geraten, in der man Jesus verstößt?

3. Wie kann eine Gemeinschaft sich so verhalten, dass „Wackelkandidaten“ im Glauben stabil werden?

4. Wie gehen wir mit Jesusworten um, die, scheinbar auch ohne unser Vertrauen bzw. aus dem Zusammenhang gerissen, garantieren, dass wir bei Jesus bleiben? (Z. B. Joh 10,29.)

KONKRETE SCHRITTE

Entscheiden Sie, was Sie in der kommenden Woche ganz praktisch tun wollen.

1. Nehmen Sie sich eine halbe Stunde Zeit, um folgenden Brief zu beantworten. Diese Notizen könnten Sie gesprächsfähig machen, wenn Sie jemandem begegnen, der in einer solchen Notlage steckt:

   „Liebe Barbara, seit ich den Hebräerbrief gelesen habe, bin ich sehr beunruhigt. Die Sätze, dass es evtl. für einen Christen keine Gelegenheit zur Umkehr geben könnte, lassen mich fragen, ob das bei mir der Fall sein könnte. Außerdem habe ich in den Evangelien von der „Sünde gegen den Heiligen Geist“ gelesen (Mt 12,31f; Mk 3,28f; Lk 12,10). Ist das dasselbe wie im Hebräerbrief? Ihr habt doch den Brief im Hauskreis besprochen. Vielleicht kannst Du mir weiterhelfen. Das wäre sehr schön (und sehr nötig!). Liebe Grüße, Anne“

2. Was möchten Sie nach der Beschäftigung mit Hebr 5,11–6,12 besonders festhalten? Was möchten Sie konkret in die Praxis umsetzen – im Blick auf Ihre Einstellungen, Ihr Denken, Ihre Worte und Ihr Handeln?

Kap. 5,11-14. „Darüber“: Gerade war vom Hohepriestertum Jesu die Rede gewesen. Der Verfasser unterbricht, was er sagen möchte. Er kann so nicht fortfahren, ohne die Lage der Adressaten ausführlicher als bisher anzusprechen.

V. 11b. „in letzter Zeit“: fehlt im Grundtext. **„Als wärt ihr schwerhörig geworden“:** Der Grundtext sagt, sie *sind* es geworden.

Im Hebräerbrief ist mehrmals von Körperteilen die Rede, wenn es um die problematische Situation der Adressaten geht. Hier ist das Ohr angesprochen. Vom Herzen ist 3,8.10.12.15 die Rede; von den Händen in 12,12, dort auch von den Knien; in 12,13 von den Füßen; in 13,15 von den Lippen. Auffallend ist auch, dass im Hebräerbrief Verben des Hörens und Sehens eine große Rolle spielen.

Wie lange die Schwerhörigkeit gedauert hat, wird nicht gesagt. Klar ist aber: Es war einmal besser. Die **„Kernkompetenz“** der Glaubenden, das **Hören** auf das Wort Gottes bzw. das verkündigte Evangelium von Jesus Christus, war einmal deutlich ausgeprägter als jetzt.

Der Ernst der Lage wird noch deutlicher, wenn man einmal ein paar sehr bekannte **Worte über das Hören** zusammenstellt: Ein Grundtext ist das sogenannte Sch^{e}ma Israel, 5 Mo 6,4: „Höre, Israel, der HERR ist unser Gott, der HERR ist einer.“ – In schwieriger Zeit soll der kleine Samuel sprechen: „Rede, HERR, dein Knecht hört“ (1 Sam 3,10). Vor seinem Regierungsantritt bittet König Salomo um ein „hörendes Herz“ (1 Kön 3,9). Das ist die sachgemäßeste Bitte, die man im Volk Gottes beten kann. – „Aber sie wollten nicht hören“ ist allzu oft Gottes Fazit über das Verhalten seiner Leute, das er durch die Propheten kommentiert (sehr viele Stellen, z.B. Jes 28,12). – Aber einer ist ein Hörender geblieben, der Knecht Jahwes. Jes 50,4: „Gott der HERR hat mir eine Zunge gegeben, wie sie Jünger haben, dass ich wisse, mit den Müden zu rechter Zeit zu reden. Er weckt mich alle Morgen; er weckt mir das Ohr, dass ich höre, wie Jünger hören.“ Auf ihm ruht die Hoffnung für die Zukunft. – Über Jesus heißt es dann (Mt 17,5): „Dies ist mein lieber Sohn, an dem ich Wohlgefallen habe; den sollt ihr hören!“

V. 12. „Eigentlich“ ist eins der verräterischsten Wörter der deutschen Sprache. Es signalisiert den Unterschied zwischen dem, was sein sollte oder was man sich vorgenommen hat und der Wirklichkeit des tatsächlich gelebten Lebens. „Eigentlich sollte ich Hausaufgaben machen“, sagte der Schüler – und ging ins Schwimmbad.

V. 12-14. „in der Lage sein, andere zu unterrichten“. Wörtlich: „Ihr seid verpflichtet, Lehrer zu sein“. Bei „Lehrer“ muss man im Neuen Testament immer auf den Zusammenhang achten, in dem das Wort steht. Zu unterscheiden ist: (1) Jesus als der einzigartige Lehrer. Das Lehrer-Schüler-Verhältnis muss unter allen Umständen gewahrt bleiben: Mt 23,10. (2) Lehrer als von den anderen Glaubenden zu unterscheidende Personen: Jak 3,1; 1 Kor 12,28; Eph 4,11. Sie sind Teil der Gemeinde und doch ein Gegenüber zu ihr; sie tragen besondere Verantwortung für die Lehre. (3) Hebr 5,12: Die Glaubenden überhaupt. Sie sollen nicht Anfänger bleiben, sondern lernen, über den Glauben Auskunft zu geben: **Hörfähigkeit führt zu Sprachfähigkeit.**

Milch und **feste Nahrung**: Die jeweilige Nahrung hängt mit dem jeweiligen Lebensalter zusammen. Babynahrung und Erwachsenennahrung: Beides ist sehr gut, aber es muss einen Fortschritt zur festen Nahrung geben, sonst macht der Kinderarzt sich Sorgen. Vgl. 1 Kor 3,2 und 1 Petr 2,2.

„Erwachsene, reife Menschen“ (NGÜ): wörtlich: „ist für Vollkommene“ (so die NGÜ am Rand). Mit der sinngemäßen Übersetzung der NGÜ werden die Leser davor bewahrt, in die Perfektionismusfalle zu tappen. Reife Christenmenschen werden als urteilsfähig charakterisiert. **„Durch Übung“** – im griechischen Partizip *gegymnasména* kann man „Gymnastik“, Übung, heraushören. Durch die Gewohnheit wird die Wahrnehmungsfähigkeit geübt; man lernt zu unterscheiden. Dieses Unterscheiden macht die Tür auf zum Praktizieren dessen, was man als gut erkannt hat.

Kap. 6,1-3. Kapitel 6 beginnt mit einer **Überraschung**. Der Verfasser schreibt nicht: „Wenn es erst einmal so weit gekommen ist wie jetzt bei euch, dann kann man nichts mehr machen. Dann ist Hopfen und Malz verloren." **Trotz der radikalen** (= an die Wurzel gehenden) **Kritik** gibt es in diesem Brief **kein Gramm Resignation**, wohl aber viel Hoffnung (siehe ausdrücklich Vers 9). Er praktiziert diese Hoffnung sofort, indem er sich nicht bei den „Anfangslektionen" aufhält, die sie einmal gelernt hatten, sondern sie als Christen behandelt, denen man etwas zumuten kann.

Was diese **Anfangslektionen** sind, wird kurz erwähnt, ohne sie zu erläutern. Das kann der Verfasser ja bei den Adressaten voraussetzen, bei uns freilich nicht. Wird hier erkennbar, ob der Verfasser vor allem **Judenchristen** oder vor allem **Heidenchristen** im Blick hat?

Für manche Ausleger (z.B. Rose, 15) ist entscheidend, dass von der „Abkehr von Taten, die letztlich zum Tod führen" und vom „Glauben an Gott" die Rede ist. Das klingt ähnlich wie 1 Thess 1,9, wo es um die Bekehrung von *Heiden* weg von den Götzen hin zu Gott geht. Auch müssten Juden keinen Elementarunterricht über Auferstehung und Gericht bekommen.

Sind in erster Linie Judenchristen angesprochen, also Juden, die in Jesus von Nazareth den Messias Israels erkannt haben, dann haben sie zu fragen, was ihre bisherige Überzeugung mit Jesus zu tun hat, wie sich Kontinuität und Diskontinuität bei den großen Themen ausprägen. Ein Beispiel: Nur hier im Neuen Testament steht das Wort, das im Singular „Taufe" heißt, im Plural. Es ist wohl am besten mit **„Waschungen"** zu übersetzen. Juden, die Jesus als Messias bekennen, müssen klären, welche Rolle in diesem Kontext die Taufe auf den Namen Jesu spielt und wie die Taufe zu verstehen ist, die Johannes der Täufer geübt hat. – Oder: Wer als nicht sadduzäischer Jude (vgl. Mt 22,23-33) bisher schon an Auferstehung geglaubt hat, muss klären: Wie hängt unsere Auferstehung mit der Auferstehung Jesu zusammen? Oder: Wir sind überzeugt, dass es für alle Menschen ein Gericht geben wird. Welche Rolle spielt Jesus in diesem Zusammenhang?

V. 4-8. Es folgen Sätze, die zusammen mit Kap. 10,26-31 für viele das schlechte Image des Hebräerbriefs begründet haben. Sie markieren eine **Grenze.** Wenn die überschritten ist, gibt es keine Rückkehr mehr. Das Thema wurde oft unter der Formulierung **„Unmöglichkeit einer zweiten Buße"** abgehandelt. Die frühchristliche Schrift „Hirt des Hermas" (wohl zwischen 70 und 150 n. Chr.) hatte so formuliert. In den **Christenverfolgungen** des 3. Jahrhunderts hatten viele den Glauben unter großem Druck verleugnet. Hinterher stellte sich die Frage, ob und gegebenenfalls wie die Lapsi (= Gefallenen) wieder in die Gemeinde aufgenommen werden könnten. Hier stellte der Hebräerbrief ein Hindernis für die Wiederaufnahme dar. Bis heute sehen viele in Hebr 6 und 10 eine Einschränkung der neutestamentlichen Gnadenbotschaft, die durch den Hinweis, dass das übrige NT anders denke, entschärft und korrigiert werden muss.

V. 4-5 stellen die Größe dessen, was die Adressaten im Glauben an Christus empfangen haben, in mehreren Formulierungen dar, von denen jede einzelne schon ausreichen müsste, die Entschlossenheit, unter allen Umständen bei Jesus zu bleiben, zu stärken.

Demgegenüber charakterisiert **V. 6** die **Weigerung, Christus weiterhin** über alles **zu vertrauen**, mit so drastischen Formulierungen wie wohl sonst nie im Neuen Testament. Wer Jesus Christus die Kündigung gibt, verliert alles (vgl. Apg 4,12), unwiderruflich. Aus dem Kontext geht eindeutig hervor: **Es geht spezifisch um die bewusste Abwendung von *Jesus Christus*, nicht generell um eine Abwendung von *Gott*** (wie die NGÜ formuliert).

Der Hebräerbrief steht mit dieser Ansicht **nicht isoliert** dar. Auch Jesus hat (in anderen Zusammenhängen!) eine ähnliche Grenze formuliert (Mt 12,32; Mk 3,29; Lk 12,10), und der 1. Johannesbrief redet mit anderer Terminologie von „Todsünden", angesichts derer keine Fürbitte mehr hilft (1 Joh 5,16f).

Die Sache ist **eng verbunden mit der Exklusivität Jesu,** von der der ganze Brief redet. Wer sich endgültig von ihm trennt, trennt sich endgültig vom Heil.

V. 9-12. Die Grenze wird markiert, **damit sie nicht überschritten wird.** Der Verfasser ist zuversichtlich, dass die Adressaten diesen verhängnisvollen Schritt nicht tun. Er schwächt den Ernst des eben Gesagten nicht ab („Das war alles nicht so ernst gemeint“), weiß aber, dass dieser **„point of no return“** bei den Adressaten **noch nicht erreicht** ist. Eine starke Hoffnung beseelt ihn. Was er an Gutem wahrgenommen hat, hat auch Gott gesehen. Hier gibt es Liebe zu ihm und zu den Geschwistern im Glauben. So etwas will Gott erhalten; das sollen die Adressaten auch wollen. Zur „Hoffnung, die Gott euch gab“, passt nur eine Motivation, die die Herzen erfüllt. Außerdem sind da Vorbilder, deren Leben zeigt, wie man im Warten unbeirrbar bleiben kann. Solche Vorbilder drücken einen nicht nieder. Sie heben hoch, weil an ihnen sichtbar wird, was Gottes Gnade tun kann.

Gerade hier erweist sich der Brief als „Briefseelsorge“, als „Wort der Ermahnung“ (13,22). **In diesem so ernsten Wort leuchtet die ganze Schönheit des Christseins auf.**

Geheimnisvoller „Kollege“

Hebräer 7,1-28

7

EINSTIEG

(15–20 Minuten)
Wählen Sie bitte eine oder zwei Fragen aus.

1. Wann sagen Menschen „für immer und ewig“?
2. Jemand sagte: „Für mich waren Psychiater die Hohenpriester unter den Medizinern.“ Ein französischer Koch wurde in der Presse „Hohepriester der Kochkunst“ genannt. Was ist damit gemeint? Warum ist das Wort „Hohepriester“ in diesem Zusammenhang attraktiv?
3. „Segen“ ist eines der letzten religiösen Worte, das viele säkularisierten Menschen noch aufhorchen lässt. Was ist da los?
4. Seit einigen Jahren hat sich das Wort „unkaputtbar“ in der Umgangssprache etabliert. Woran könnte das liegen?

BIBELTEXT

Melchisedek – ein Priester wie Jesus Christus

1 Was wissen wir denn von Melchisedek? Er war – wie es in der Schrift heißt –
König von Salem und Priester des höchsten Gottes. Als Abraham siegreich
vom Kampf gegen die Könige zurückkehrte, ging – so wird uns berichtet –
Melchisedek ihm entgegen und segnete ihn, 2 und Abraham gab ihm den
zehnten Teil von allem, was er erbeutet hatte. Der Name Melchisedek bedeu-
tet „König der Gerechtigkeit“, und König von Salem bedeutet „König des Frie-
dens“. 3 Ansonsten wird nichts über ihn mitgeteilt: Kein Vater wird erwähnt,
keine Mutter, kein Stammbaum, kein Anfang und kein Ende seines Lebens.
Er, der dem Sohn Gottes gleicht, bleibt sozusagen Priester für immer und
ewig.

Melchisedek und Abraham

4 Wie bedeutend Melchisedek war, seht ihr daran, dass kein Geringerer als
Abraham, der Stammvater unseres Volkes, ihm den besten Teil seiner Beute
als Zehnten gab. 5 Nach den Bestimmungen des Gesetzes steht der Zehnte
denen zu, denen das Priestertum übertragen ist, den Nachkommen von
Levi, und sie erheben ihn vom Volk, also von ihren Brüdern, die wie sie von
Abraham abstammen. 6 Melchisedek jedoch war in keiner Weise den Leviten
verwandt, und trotzdem nahm er von Abraham den Zehnten entgegen.

Außerdem hat er ihn gesegnet – ihn, der die Zusagen Gottes für unser Volk
bekommen hat, 7 und niemand wird bestreiten, dass der, der segnet, über
dem steht, der gesegnet wird.

8 Dazu kommt noch etwas: Im Fall der Leviten sind es sterbliche Menschen,
die den Zehnten erhalten; bei Melchisedek hingegen wird nichts von einem
Ende seines Lebens berichtet.

9 Und im Grunde genommen hat durch Abraham auch Levi den Zehnten ent-
richtet – er, der normalerweise den Zehnten erhebt. 10 Denn weil er von Abra-
ham abstammt, war er – so könnte man sagen – schon dabei, als Abraham
und Melchisedek sich begegneten.

Die Ablösung des levitischen Priestertums durch eine neue Ordnung

11 Wenn nun das levitische Priestertum zur Vollkommenheit führen könnte –
und das Gesetz, das unserem Volk gegeben wurde, kennt ja kein anderes
Priestertum –, wäre es dann nötig gewesen, einen Priester einzusetzen, der
zu einer ganz anderen Ordnung gehört – einen Priester wie Melchisedek
und nicht einen wie Aaron? 12 Und wohlgemerkt: Eine Änderung der priester-
lichen Ordnung bedeutet zwangsläufig eine Änderung des Gesetzes über-
haupt! 13 Dieser Priester, auf den die Schrift hinweist, gehört in der Tat einem
ganz anderen Stamm unseres Volkes an, einem Stamm, von dem nie jemand
den Dienst am Altar versehen hat. 14 Denn wie wir alle wissen, kommt unser
Herr aus Juda, und Mose hat nie etwas von Priestern aus diesem Stamm ge-
sagt.

15 Und noch viel deutlicher wird das Ganze, wenn wir uns klar machen, dass
sich die Einsetzung dieses anderen Priesters – genau wie bei Melchisedek –
16 nicht auf eine bestimmte vom Gesetz vorgeschriebene Abstammung grün-
det, sondern auf die Kraft des ewigen, unzerstörbaren Lebens. 17 Das wird von
jener Stelle in der Schrift bestätigt, an der es heißt: „Du sollst für alle Zeiten
Priester sein – ein Priester von derselben priesterlichen Ordnung wie Melchi-
sedek.“

18 Damit ist also die Ordnung, die früher galt, außer Kraft gesetzt, weil sie
sich als ohnmächtig erwies und letztlich keinen Nutzen brachte; 19 das Ge-
setz ist nicht imstande gewesen, zur Vollkommenheit zu führen. An die Stelle
jener Ordnung ist etwas getreten, was uns eine Hoffnung gibt, die alles Frü-
here in den Schatten stellt, und was uns einen ungehinderten Zugang zu Gott
möglich macht.

Jesus – der Garant eines besseren Bundes

20 Wie groß der Unterschied zur alten Ordnung ist, zeigt sich auch daran, dass
Jesus mit einem Eid in seinem Priesteramt bestätigt wurde. Bei den leviti-
schen Priestern gab es keinen solchen Eid, 21 aber als Jesus zum Priester ein-
gesetzt wurde, machte Gott ihm eine Zusage, die er mit einem Eid bekräf-
tigte. Es heißt in der Schrift: „Der Herr hat geschworen: ‚Du sollst für immer
Priester sein', und er wird seine Zusage nie zurücknehmen." 22 Dieser Schwur
macht unmissverständlich deutlich, dass Jesus der Garant eines besseren
Bundes ist.

23 Nach der alten Ordnung gab es eine lange Reihe von Priestern; einer
folgte auf den anderen, weil sie alle durch den Tod daran gehindert wurden,
im Amt zu bleiben. 24 Jesus aber lebt für immer, weshalb sein Priestertum un-
vergänglich ist. 25 Und das ist auch der Grund dafür, dass er alle vollkommen
retten kann, die durch ihn zu Gott kommen. Er, der ewig lebt, wird nie aufhö-
ren, für sie einzutreten.

Die Vollkommenheit des neuen Hohepriesters

26 Ein solcher Hoherpriester war genau das, was wir nötig hatten: einer, der
durch und durch heilig und ohne jede Schuld ist und an dem Gott nichts aus-
zusetzen hat, einer, der sich grundlegend von uns sündigen Menschen un-
terscheidet und dessen Platz hoch über dem höchsten Himmel ist. 27 Im Ge-
gensatz zu den levitischen Hohenpriestern muss er nicht Tag für Tag Opfer
darbringen und muss auch nicht mit einem Opfer für eigene Sünden begin-
nen, ehe er für die Sünden des Volkes opfern kann. Nein, Jesus hat nur ein
einziges Mal ein Opfer dargebracht, nämlich sich selbst, und dieses Opfer
gilt für immer.

28 Die vom Gesetz ernannten Hohenpriester sind schwache, mit Fehlern behaftete Menschen. Doch der, den Gott durch einen Eid zum Hohenpriester eingesetzt hat (und das tat er lange, nachdem er das Gesetz gegeben hatte!), ist sein eigener Sohn – ein für immer und ewig vollkommener Hoherpriester.

BIBELGESPRÄCH

(30–40 Minuten) Wählen Sie ggf. unter den Fragen aus.

1. Was ist für Sie das Geheimnisvolle an der Melchisedek-Geschichte in 1 Mo 14,18-20?

2. Was ist das Wichtigste an der Melchisedek-Argumentation? Fassen Sie es in höchstens drei Sätzen zusammen, am besten in nur einem Satz. Sehen Sie auch in den Erklärungen nach.

3. Das levitische Priestertum weist „eine lange Reihe von Priestern" auf (V. 23), das Priestertum nach der Ordnung Melchisedeks nur zwei: Melchisedek und Jesus. Melchisedek und Jesus haben also nur jeweils einen „Kollegen". Worin überragt Jesus Melchisedek?

4. Vergleichen Sie V. 18f mit Röm 8,1-4 und V. 25 mit Röm 8,34. Worin stimmt Paulus mit dem Verfasser des Hebräerbriefs überein?

5. Was ist in diesem Kapitel „Vollkommenheit" (V. 11.19.28)? Falls Sie diese Frage vom ganzen Brief her beantworten möchten, helfen Ihnen die Stellen 2,10; 5,9.14; 6,1; 7,11.19.28; 9,9.11; 10,1.14; 11,40; 12,2.23.

AUSTAUSCH

(15–30 Minuten) Wählen Sie ggf. unter den Fragen aus. Sie können das Gespräch mit einem gemeinsamen Gebet abschließen.

1. Was motiviert uns – nach der Lektüre des Hebräerbriefs vielleicht stärker als bisher –, die alttestamentlichen Opfer- und Priesterbestimmungen kennenzulernen?

2. Gott schenkt uns durch Jesus seine *Nähe*. Deshalb dürfen wir Gott nun unsererseits *nahen*, haben Zutritt zu ihm und dürfen in seiner Nähe leben. Wie sieht das bei uns konkret aus? Wie gestalten wir das persönlich und als Gemeinschaft?

3. Wie gehen wir damit um, dass Gott uns hier etwas verbürgt und garantiert? Was ist die angemessene Reaktion?

4. Inwiefern hat Gottes Heiligkeit für uns auch etwas Einladendes, Werbendes, geradezu einen Charme?

KONKRETE SCHRITTE

Entscheiden Sie, was Sie in der kommenden Woche ganz praktisch tun wollen.

1. Lesen Sie eine Woche lang täglich 1 Mo 14,17-20, sodass Sie sich den Text am Ende gut eingeprägt haben.

   Oder: Lernen Sie Psalm 110 auswendig.

2. Was möchten Sie nach der Beschäftigung mit Hebr 7,1-28 besonders festhalten? Was möchten Sie konkret in die Praxis umsetzen – im Blick auf Ihre Einstellungen, Ihr Denken, Ihre Worte und Ihr Handeln?

Im **Hauptteil** des Briefes, 7,1–10,18, konzentriert sich die Hilfe für die irritierten Glaubenden. **Die Seelsorge**, die „starke Ermutigung“ (6,18, griech.: *paráklesis*) dieser Seelsorgeschrift (13,22) **besteht darin, dass Jesus unser Hoher Priester ist und sein Hohepriestertum ein ganz besonderes.** Im Unterschied zum levitischen bzw. aaronitischen ist es eins nach der Melchisedek-Ordnung (die wurde 5,10 zum ersten Mal erwähnt). Das entfaltet Hebr 7. Die biblische Grundlage für die detaillierte Argumentation des Verfassers sind **1 Mo 14,17-20** und **Ps 110,1-4**.

Auch in den Qumranschriften (11QMelch, gefunden in Höhle 11) und bei dem jüdischen Historiker Josephus ist von Melchisedek die Rede. In späteren jüdischen, christlichen und gnostischen Schriften wird viel über ihn spekuliert.

V. 1-3. Die Aussagen aus 1 Mo 14 werden kurz referiert und der Name Melchisedek wird **etymologisch** (= von der Wortherkunft her) gedeutet. Damit hat der Verfasser vorbereitet, was er dann ausführt.

In diesem kurzen Bibeltext wird **vieles *nicht* gesagt**, und ausgerechnet das ist hier besonders wichtig. In dem, worüber der Text schweigt, ähnelt Melchisedek dem Messias Jesus.

Etwas aus dem Nichterwähnen zu schließen (sogenanntes „argumentum e silentio“), ist meist ein Argument ohne oder von geringer Beweiskraft. Wenn z. B. auf den Türen einer Veranstaltungshalle steht „No food, no drinks“, dann heißt das noch lange nicht, dass in der Halle Drogenkonsum erlaubt ist, weil auf den Türen ja nicht steht „No drugs“. Bei der Melchisedekargumentation ist zu beachten, dass sie **ihre Tragkraft von Jesus her bekommt**, weniger von Melchisedek her.

Melchisedek „gleicht“ bzw. „ähnelt“ Jesus. In diesem nur hier im Neuen Testament vorkommenden Wort steckt sowohl der **Aspekt der Gleichheit wie der Ungleichheit**. Man kann hier nicht alles eins zu eins übertragen, muss aber die „Lücken“ (z. B. Herkunft, Eltern) in 1 Mo 14 ernst nehmen.

Wäre Melchisedek wirklich „ohne Vater, ohne Mutter, ohne Stammbaum“, wäre das sogar eine Überbietung Jesu: Jesus war nicht ohne Mutter; Mt und Lk bieten einen Stammbaum. Dass weder von einem Lebensanfang noch einem Lebensende Melchisedeks berichtet wird, macht ihn nur **„sozusagen“** (so NGÜ sinngemäß) zum Priester für immer und ewig. Er ist wie Jesus eine geheimnisvolle Gestalt, und Hebr 7 enthüllt etwas von diesen Geheimnissen. Durch diese Geheimnisse werden beide vergleichbar, und **trotz des „sozusagen“ wird hier Wirklichkeit enthüllt**. Der Melchisedekabschnitt in 1 Mo 14 ist „sozusagen“ eine **Lesebrille**, mit der man Jesus als Hohenpriester klarer erkennen kann.

V. 4-10. Dass hier etwas Besonderes gesagt werden soll, hatte in Kap. 6,20 schon die Schlüsselformulierung aus Ps 110,4 „ein Priester von derselben priesterlichen Ordnung wie Melchisedek“ verraten. Wer erkennen will, was es bedeutet, dass Jesus unser Hohepriester geworden ist, der muss zunächst einmal verstehen, **„wie bedeutend Melchisedek war“** (V. 4). Melchisedek steht noch höher als der Stammvater Abraham! Das wird deutlich in der Gabe des Zehnten, den Abraham Melchisedek gibt, wie im Segen, den Melchisedek Abraham spendet.

Im Stichwort **„der Zehnte“** kommen nun mehrere Größen zusammen: vom Bibeltext 1 Mo 14 her Melchisedek und Abraham und andererseits das Priestertum, das der Tora gemäß die Nachkommen Levis ausüben. Sie bekommen den Zehnten. Das eröffnet Vergleichsmöglichkeiten. Der Verfasser weist sofort auf **etwas Überraschendes** hin: Melchisedek empfängt den Zehnten, obwohl er nicht levitischer Abstammung ist. Außerdem sind die Leviten sterbliche Menschen, während von einem Sterben Melchisedeks nirgends in der Schrift die Rede ist. **Fazit:** Melchisedek steht sowohl über Abraham als auch über dem levitischen Priestertum.

V. 11-19. In 1 Mo 14 und Ps 110 ist von **zwei Arten des Priestertums** die Rede. Einerseits gibt es ein Priestertum nach der levitischen Weise bzw. der Ordnung Aarons (Aaron stammt nach 2 Mo 4,14 von Levi ab), das wissen die Leser, andererseits ein Priestertum nach der Weise Melchisedeks, das dürfte für sie neu sein. Der Verfasser signalisiert ein **Problem**: Wenn eine zweite Art eingeführt werden muss, dann ist die andere als defizitär (fehlerhaft) anzusehen. Es wird aber auch die **Lösung** signalisiert: In der außergewöhnlichen Weise des Priestertums wird das Problem der Unvollkommenheit behoben, das auf dem Weg des „normalen" Priestertums nicht zu lösen war. Und weil Priestertum und **Tora** zusammengehören, ergeben sich auch Folgen für die Beurteilung der Tora.

V. 20-25. Das Psalmzitat zeigt die Überlegenheit des (Hohe) Priestertums Jesu über das levitische: Gott bekräftigte es durch einen Eid und etablierte es als endgültig. **Fazit:** Jesus ist Garant eines besseren Bundes (das nur hier im Neuen Testament vorkommende griechische Wort bedeutet „Bürge", „jemand, der eine Bürgschaft leistet"): Auf diesen Bund **kann man sich *unbedingt* verlassen**. Wir dürfen Gott wirklich nahen! Für immer und ewig!

V. 26-28. Der Anfang des Hebräerbriefs hatte gesagt: In diesen letzten Tagen hat Gott nicht nur durch Propheten, sondern durch den Sohn zu uns geredet, der mit seinem Wort das All trägt (1,1-2). Diesen Sohn gibt Gott uns als vollkommenen Hohenpriester. Das wird in V. 26 mit mehreren Formulierungen addiert, von denen jede einzelne schon in sich die Einzigartigkeit Jesu ausdrückt. Da können die in der Tora vorgesehenen Hohenpriester nicht mithalten. Der Unterschied Jesu zu uns sündigen Menschen ist „grundlegend" (V. 26, so nicht im Griechischen, aber durchaus sinngemäß. Im Griechischen steht: getrennt, geschieden). Gott sei Dank!

Endgültiger Bund

8

Hebräer 8,1-13

EINSTIEG

(15–20 Minuten)
Wählen Sie bitte eine oder zwei Fragen aus.

1. Warum kommt in der Werbung das Wort „neu“ so oft vor?

2. Das Wort „alt“ hat für manche einen schlechten, für manche einen guten Klang. Erklären Sie das einander.

3. In welchen Zusammenhängen sprechen wir von „Bund“, „Verbündeten“ oder „Bündnissen“?

BIBELTEXT

Jesus, der Hohepriester des himmlischen Heiligtums …

1 Der entscheidende Punkt bei dem allen ist der: Wir haben einen Hohenpries-
ter, der den Platz an der rechten Seite der höchsten Majestät eingenommen
hat, den Ehrenplatz auf dem Thron Gottes im Himmel, 2 und der seinen Dienst
im wahren Heiligtum versieht, in dem Zelt, das vom Herrn errichtet wurde und
nicht von Menschen.

3 Jeder Hohepriester ist ja dazu eingesetzt, Gaben und Opfer darzubringen.
Daher muss auch der Hohepriester, von dem *wir* sprechen, etwas haben, was
er Gott opfern kann. 4 Nur könnte er hier auf der Erde gar nicht Priester sein,
denn hier werden die Opfer von denen dargebracht, die vom Gesetz dazu be-
stimmt sind.

5 Ihr Dienst vollzieht sich freilich in einem Heiligtum, das nur ein Abbild
und ein Schatten der himmlischen Wirklichkeit ist. Aus diesem Grund erhielt
Mose, als er sich an den Bau des heiligen Zeltes machte, die Anweisung:
„Achte darauf, dass du alles genau nach dem Vorbild ausführst, das dir auf
dem Berg gezeigt wurde!“ 6 Der Dienst hingegen, der Jesus übertragen wurde,
ist von unvergleichlich größerer Bedeutung.

… und der Vermittler eines neuen Bundes

Jesus ist ja auch der Vermittler eines viel besseren Bundes, der sich auf viel
weiter reichende Zusagen stützt. 7 Schließlich hätte Gott keinen Anlass ge-
habt, einen zweiten Bund zu schließen, wenn der erste nicht Mängel aufge-
wiesen hätte. 8 Dass dieser tatsächlich unvollkommen war, macht die Schrift-
stelle klar, an der berichtet wird, wie Gott sein Volk tadelt:

„Der Tag kommt, sagt der Herr,
an dem ich mit dem Volk von Israel
und mit dem Volk von Juda einen neuen Bund schließen werde.
9 Er wird anders sein als der,
den ich mit ihren Vorfahren geschlossen hatte,
als ich sie bei der Hand nahm und aus Ägypten führte.
An jenen Bund haben sie sich nicht gehalten,
weshalb ich mich von ihnen abgewandt habe, sagt der Herr.
10 Der zukünftige Bund jedoch, den ich mit Israel
schließen werde, wird so aussehen:
Ich werde – sagt der Herr – meine Gesetze in ihr Innerstes legen
und werde sie in ihre Herzen schreiben.
Ich werde ihr Gott sein,
und sie werden mein Volk sein.
11 Keiner muss seinen Mitbürger dann noch belehren,
keiner mehr zu seinem Bruder sagen:
‚Komm und lerne den Herrn kennen!'
Nein, vom Kleinsten bis zum Größten
Werden alle mich kennen.
12 Denn ich werde ihnen alles Unrecht vergeben
Und werde nie mehr an ihre Sünden denken."
13 Indem Gott von einem neuen Bund spricht, erklärt er den ersten für veraltet.
Was aber alt ist und ausgedient hat, wird bald ganz verschwinden.

BIBELGESPRÄCH

(30–40 Minuten)
Wählen Sie ggf. unter den Fragen aus.

1. Marcion, ein reicher Reeder, hat im 2. Jahrhundert die Christenheit konsequent vom Alten Testament zu trennen versucht. Die Gemeinde in Rom, zu der er gehörte, hat ihn deshalb ausgeschlossen. Welche Haltung dem Alten Testament gegenüber legt Hebr 8 nahe?

2. In der Hitlerzeit wurde immer wieder die Meinung vertreten, das Alte Testament sei keinem deutschen Christen zuzumuten. Welche Haltung gegenüber dem Alten Testament legt Hebr 8 nahe?

3. Inwieweit ist die Behauptung, der neue Bund sei dem alten Bund überlegen, keine willkürliche Behauptung des Verfassers? Siehe dazu die V. 6 u. 7.

4. V. 7 redet von Mängeln des alten Bundes. Was ist das Große, Herrliche und Bleibende an Jesus? Siehe dazu die Erklärungen in V. 3-5

5. Schon in 1,3 war das, was der Sohn zu unseren Gunsten getan hat, zusammengefasst mit: Er „hat das Opfer gebracht, das von den Sünden reinigt“. Das wird hier in V. 12 aufgenommen. Wie hängen Sündenvergebung (V. 12) und Gotteserkenntnis (V. 11) zusammen? Siehe dazu die Erklärungen zu den V. 8b-12.

AUSTAUSCH

(15–30 Minuten) Wählen Sie ggf. unter den Fragen aus. Sie können das Gespräch mit einem gemeinsamen Gebet abschließen.

1. Was ist Gotteserkenntnis, was noch nicht?
2. Woran kann man erkennen, ob es bei uns zu wirklicher Gotteserkenntnis gekommen ist?
3. Wie können wir als Zweige, die in den edlen Ölbaum eingepfropft sind (Röm 11,17), uns davor hüten, „verächtlich auf die anderen Zweige herabzusehen“ (Röm 11,18) – gerade angesichts der Herrlichkeit des Neuen Bundes (Hebr 8)?
4. Wo und wie wird deutlich, dass der neue Bund nicht nur ein Bund zwischen „Jesus und mir persönlich“ ist?
5. Wo wird bei uns Sündenvergebung empfangen?

KONKRETE SCHRITTE

Entscheiden Sie, was Sie in der kommenden Woche ganz praktisch tun wollen.

1. Lesen Sie in einem Bibellexikon den Artikel „Bund“ oder „Opfer“ durch.
2. Was möchten Sie nach der Beschäftigung mit Hebr 8,1-13 besonders festhalten? Was möchten Sie konkret in die Praxis umsetzen – im Blick auf Ihre Einstellungen, Ihr Denken, Ihre Worte und Ihr Handeln?

Die Melchisedek-Argumentation (Kap. 7) war recht ausführlich gewesen. Jetzt bringt der Verfasser auf den Punkt, dass Jesus der Mittler eines besseren, des ewigen und vollkommenen **Bundes** ist. Er macht deutlich, wie Himmel und Erde einander zuzuordnen sind und was das Zustandekommen des neuen Bundes für den alten Bund bedeutet. Das Zitat von Jer 31 umfasst fast die Hälfte dieses Kapitels.

V. 1-2. Die **Hauptsache**: Das hohepriesterliche Leiden Jesu hat als Ergebnis nun auch, dass Jesus, der Sohn, Mitregent Gottes ist.

Auf Erden konnte Jesus nicht Priester oder gar Hohepriester sein. Aber die Lebenshingabe Jesu am Kreuz war ein in weit höherem Maß hohepriesterliches Geschehen als das der irdischen Hohepriester. Sie berechtigt ihn nun, **im Himmel**, vor Gott, dauerhaft „seinen Dienst im wahren Heiligtum" zu verrichten, Sündenvergebung (1,3) auszuteilen und die Herzen durch seine Gnade stabil zu machen (13,9).

V. 2. „Zelt" meint die Stiftshütte, nicht den Tempel. Hier finden wir eine **Denkweise, die Urbild und Abbild, Schatten und Wirklichkeit, himmlisches Heiligtum und irdische Stiftshütte einander gegenüberstellt.** Schon 1,3 war Jesus das „vollkommene Abbild von Gottes Wesen" genannt worden. Bei dieser Denkweise muss nicht alles unserem gewöhnlichen Denken entsprechen: Jesus kann ein Hoher Priester sein, obwohl er die geltenden Kriterien dafür nicht erfüllt. Melchisedek kann ein Priester wie Jesus Christus sein, obwohl die genannten Gleichheitselemente und irdischen Gesichtspunkte nicht zwingend sind. Jesus kann Opfer und Hoher Priester zugleich sein, was eigentlich völlig ausgeschlossen ist.

Dennoch herrscht **keinerlei Willkür**. Das Konkrete des irdisch-leiblichen Wirkens und das Leiden Jesu werden ernst genommen.

Das nur hier im Neuen Testament vorkommende Verb, das die NGÜ mit **„errichten"** übersetzt und das auch mit „festmachen", „befestigen", „bauen" übersetzt werden kann, übernimmt der Verfasser aus der Septuaginta **2 Mo 33,7**; im nächsten Kapitel wird er das Zelt als **„nicht mit Händen gemacht"** bezeichnen. Schon in **2 Mo 15,17** ist im sogenannten „Schilfmeerlied" die Rede von einem „Heiligtum, Herr, das deine Hand bereitet hat" (LU). Im **Prozess gegen Jesus** spielt der Vorwurf eine Rolle, er wolle den mit Händen gemachten Tempel abbrechen und in drei Tagen einen anderen erbauen, der nicht mit Händen gemacht ist (Mk 14,58). **Paulus** spricht von einer „Beschneidung durch Christus" die nicht mit Händen vorgenommen worden ist (Kol 2,11) und dass wir, wenn unser irdisches Zelthaus abgebrochen wird, ein Haus im Himmel bekommen, das nicht mit Händen gemacht ist (2 Kor 5,1).

V. 3-5. Mit größtmöglicher Deutlichkeit sagt der Verfasser, dass Jesus auf Erden nicht Priester hätte sein können, sein Priestertum ist ein himmlisch-ewiges.

Otto Michel hat in seinem Kommentar diese **Denkformen des Hebräer**, die uns schon mehrfach begegnet sind, zusammengestellt (S. 285). Im Vergleich des Neuen mit dem Alten Testament und seinem Priestertum finden wir die **Kategorie der Übereinstimmung**. Der Neue Bund hat, was auch der Alte Bund schon hatte: Opfer, Priester, Bund, Heiligtum. Häufig ist die **Kategorie der Überbietung**, die durch die vielen Komparative („besser") und Gegenüberstellungen ausgedrückt wird (Engel – Sohn, Moses – Sohn, levitisch – messianisch usw.) Und schließlich die **Kategorie der Vollkommenheit** mit den Adjektiven „wahr", „himmlisch", „ewig".

V. 5. „Schatten" und „Abbild", begegnen auch später noch: Schatten in 10,1; Abbild in 9,23. Dazu kommt „Gestalt" in 10,1. Michel, (S. 286): „Schatten und Abbild haben Sinn und Wert nur in ihrem Verhältnis zur Gestalt selbst und zum Urbild. Gestalt und Urbild müssen vorhanden sein, ehe Schatten und Abbild auf Erden sichtbar sind. Aber Gestalt und Urbild treten durch Christus in die Geschichte ein, bleiben also nicht himmlische und transzendente Größen." Die „Himmelstheologie" des Hebräerbriefs hat Bodenhaftung!

V. 6-8a. Jesus wird **„Mittler"** (LU) genannt (V. 6 und dann in 9,15 und 12,24), und zwar **eines besseren Bundes** mit besseren Verheißungen. Wo Verbesserung versprochen und verwirklicht wird, müssen **Mängel** vorgelegen haben (V. 7), etwas, das zu tadeln ist. Das ist jedoch nicht die Privatmeinung des Verfassers, sondern **so beurteilt Gott selbst die Lage**, wie beim Propheten Jeremia deutlich wird. Der „Schwarze Peter" liegt nicht bei Gott, auf dessen Initiative der Alte Bund geschlossen wurde, sondern beim immer wieder untreuen Bundespartner. Die Kehrseite der Verheißung sind also die vielen schlechten Erfahrungen, die Gott mit seinem Volk gemacht hat und die entsprechende Kritik, die die Propheten im Namen Gottes vorgebracht haben. Die vielen Neuansätze, mit denen Gott vorher schon immer wieder Situationen begegnet war, in denen eigentlich nichts mehr zu hoffen war, kulminieren in der Verheißung eines neuen Bundes, siehe **Jer 31,31-34** (Rose, 126f, stellt die beiden Ordnungen in sieben Aspekten einander gegenüber).

V. 8b-12. Geradezu rührend wird **Gottes Verhalten** bei der Befreiung Israels aus Ägypten erwähnt: „als ich sie bei der Hand nahm" (V. 9). Er erlebte aber, dass **sein Volk** sich abwandte. Gottes Gesetze versprachen gelingende Orientierung, doch oft wurde ihnen aber kein Zugang zu den Herzen gestattet. Was ganz nach innen, ins Personzentrum des Menschen, gehört, blieb äußerlich. Der **Neue Bund** ist eine **Notwendigkeit**, die durch den vollkommenen Hohenpriester Jesus **Wirklichkeit** geworden ist. Der Neue Bund zeigt, dass Gott **die Absichten, die er mit dem Alten Bund bekundet hatte, gerade nicht aufgegeben hatte**; er ist das größte Ja Gottes zu seinem Volk. Gott hat einen seiner **Lieblingssätze** nicht vergessen: „Ich werde ihr Gott sein, und sie werden (bzw. ihr sollt) mein Volk sein" (V. 10, so auch 3 Mo 26,12; Jer 7,23; 11,4; 24,7; 30,22; 31,1.33; 32,38; Hes 11,20; 14,11; 36,28; 37,23.27; Hos 2,25; Sach 2,15; 8,8; 2 Kor 6,16; Offb 21,3).

Es wird im Neuen Bund zu wirklicher **Gotteserkenntnis** kommen. Ihr Fehlen hatte schon der Prophet Hosea als Grundschaden diagnostiziert (Hos 4,1). Sie entsteht, wo Gott die Sünden seines Volkes vergibt. Hebr 1,3 hatte gleich zu Anfang vom Sohn gesagt: „Nachdem er das Opfer gebracht hat, das von den Sünden reinigt", hat er sich zur Rechten Gottes gesetzt.

V. 13. Dem Bibelzitat lässt der Verfasser noch eine **auswertende Bemerkung** über den Alten Bund folgen. Er ist damit, dass der Neue Bund durch Jesus verwirklicht wurde, veraltet. Er hat das Greisenalter erreicht, bald wird er verschwinden. Vgl. Gal 3,17.

Gott sagt das. Das ist entscheidend. **Man ist Jer 31 und dem Willen Gottes gehorsam, wenn man Jesus den Stifter des besseren Bundes sein lässt.**

Der Verfasser fällt **kein abwertendes Urteil aus einem menschlichen Überlegenheitsgefühl heraus** oder gar aus einer Feindseligkeit dem Judentum gegenüber, sondern vollzieht gehorsam nach, was Gott in Treue zum Alten Bund getan hat, von dem er nie vergessen hatte, dass es sein Bund ist.

Der Alte Bund hat im wahrsten Sinn des Wortes **„ausgedient"** (NGÜ). Er hat seinen unerlässlichen Dienst bis zum Schluss geleistet. Von ihm gilt nun sinngemäß, was der altgewordene Simeon als sein Abschiedswort sagt, als er den kleinen Jesus auf seinen Armen hält: „Herr, nun lässt du deinen Diener in Frieden fahren" (Lk 2,29).

9 Einmaliges Opfer

Hebräer 9,11-28

EINSTIEG

(15–20 Minuten)
Wählen Sie bitte eine oder zwei Fragen aus.

1. „Er kann kein Blut sehen." Erzählen Sie einander Selbsterlebtes oder Aufgeschnapptes.

2. Wie wichtig ist Ihnen, „auf der Höhe der Zeit" zu sein?

3. Wie wurde „Du Opfer!" zu einem Wort der Jugendsprache?
Was verbinden Jugendliche damit?

4. Zeitforscher bescheinigen uns eine ökonomisierte Sprache mit vielen Ausdrücken aus der Finanzwelt und der Wirtschaft. Was halten Sie davon? Personalabteilungen in Firmen heißen nun „HR" (Human Resources). Ein Bundesligatrainer spricht von „Spielermaterial". Nach dem ersten Date sind Ralphs „Aktien" bei Charlotte gestiegen. Die Kirche wird als „Dienstleistungsunternehmen" verstanden; sie bietet ihre „Produkte" an und kämpft um ihren „Marktwert". Überhaupt: „Alles hat sein Preisschild".

5. Welche Inhalte verbindet man mit dem Sterben? Umgangssprachlich sagt man, einer ist „weg vom Fenster" oder „er hat den Löffel abgegeben"; er „hat sich vom Acker gemacht", er „hinterlässt eine Lücke", er „hat es jetzt besser", er „ist von seinem Leiden erlöst", er „sitzt auf einer Wolke", er „schaut die Radieschen von unten an" usw.

BIBELTEXT

Das Opfer des Hohenpriesters Christus

11 Jetzt aber ist diese Zeit angebrochen, denn jetzt ist Christus gekommen, der
Hohepriester, der uns die wahren Güter gebracht hat. Er hat ein größeres und
vollkommeneres Zelt durchschritten, ein Zelt, das nicht von Menschen ge-
macht wurde und nicht zu dieser Schöpfung gehört. 12 Und was ihm den Weg
ins Heiligtum öffnete, war nicht das Blut von Böcken und Kälbern, sondern
sein eigenes Blut. Ein einziges Mal ist er hineingegangen, und die Erlösung,
die er bewirkt hat, gilt für immer und ewig.

13 Nun reinigt zwar auch das Blut von Böcken und Stieren, aber dabei han-
delt es sich nur um eine äußerliche Reinheit. Und nicht anders ist es, wenn
die, die unrein geworden sind, mit der in Wasser aufgelösten Asche einer jun-
gen Kuh besprengt werden. 14 Das Blut Christi jedoch hat eine unvergleich-

lich größere Wirkung. Denn als Christus sich selbst, von Gottes ewigem Geist geleitet, Gott dargebracht hat, war das ein Opfer, dem kein Makel anhaftete. Deshalb reinigt uns sein Blut bis in unser Innerstes; es befreit unser Gewissen von der Belastung durch Taten, die letztlich zum Tod führen, sodass es uns jetzt möglich ist, dem lebendigen Gott zu dienen.

15 Christus ist also der Vermittler eines neuen Bundes. Mit seinem Tod hat er für die unter dem ersten Bund begangenen Übertretungen bezahlt, sodass jetzt alle, die Gott berufen hat, losgekauft sind und das ihnen zugesagte unvergängliche Erbe in Besitz nehmen können.

16 Mit dem neuen Bund verhält es sich wie mit einem Testament. Um ein Testament vollstrecken zu können, muss man nachweisen, dass der, der es aufgesetzt hat, gestorben ist. 17 Erst im Todesfall wird es gültig; solange der Betreffende lebt, ist es noch nicht rechtskräftig.

18 Aus demselben Grund konnte auch der erste Bund nicht ohne Blut in Kraft treten. 19 Nachdem Mose das Gesetz vor versammeltem Volk Gebot um Gebot verlesen hatte, nahm er das Blut von Kälbern und Böcken sowie Wasser, scharlachrote Wolle und ein Ysop-Büschel, besprengte mit dem Blut sowohl das Gesetzbuch als auch das ganze Volk 20 und erklärte: „Das ist das Blut des Bundes, zu dessen Einhaltung Gott euch verpflichtet hat." 21 Ebenso besprengte Mose auch das heilige Zelt und alle für den Gottesdienst bestimmten Geräte mit Blut. 22 Überhaupt ist nach dem Gesetz fast jedes Mal Blut nötig, wenn etwas gereinigt werden muss, und ohne das Blut eines Opfers gibt es keine Vergebung.

23 Mit solchen Mitteln müssen also die Einrichtungen des alten Bundes gereinigt werden. Aber diese sind ja nur ein Abbild der himmlischen Wirklichkeit. Wo es um die himmlische Wirklichkeit selbst geht, sind bessere Opfer erforderlich. 24 Christus ist schließlich nicht in eine von Menschenhand gemachte Nachbildung des wahren Heiligtums hineingegangen, sondern in den Himmel selbst, wo er sich nun unmittelbar bei Gott für uns einsetzt.

25 Der levitische Hohepriester betritt das Heiligtum viele Male im Lauf seines Lebens – Jahr für Jahr von neuem –, und immer mit dem Blut eines Tieres, nicht mit seinem eigenen Blut. Christus hingegen brachte sich selbst als Opfer dar, und er brauchte das nur ein einziges Mal zu tun. 26 Andernfalls hätte er ja seit der Erschaffung der Welt schon viele Male leiden und sterben müssen. Tatsache jedoch ist, dass er nur einmal in die Welt kam – jetzt, am Ende der Zeiten –, um uns durch das Opfer seines eigenen Leibes von der Sünde zu befreien.

27 Sterben müssen alle Menschen; aber sie sterben nur einmal, und darauf folgt das Gericht. 28 Genauso wurde auch Christus nur einmal als Opfer dargebracht – als Opfer, das die Sünden der ganzen Menschheit auf sich nahm. Wenn er wiederkommt, kommt er nicht mehr wegen der Sünde, sondern um denen Rettung zu bringen, die auf ihn warten.

BIBELGESPRÄCH

(30–40 Minuten) Wählen Sie ggf. unter den Fragen aus.

1. Welche Kenntnisse setzt der Verfasser bei seinen Lesern voraus? Wo brauchen wir Nachhilfeunterricht in alttestamentlicher Bibelkunde?

2. In Hebr 9 ist häufiger als in fast allen anderen Kapiteln der Bibel von „Blut" die Rede. In vielen Religionen kommen Blutriten vor, mit denen Menschen versuchen, eine Gottheit gnädig zu stimmen. Welche Verständnishilfe und welchen Schutz vor Missverständnissen gibt Ihnen in diesem Zusammenhang 3 Mo 17,11 „Das Leben des Leibes ist im Blut, und ich habe es euch für den Altar gegeben, dass ihr damit entsühnt werdet"? (LU, siehe die Erläuterungen zu V. 12.)

3. Inwiefern ist es berechtigt zu sagen: „Der Tod Jesu am Kreuz (am 7. April 30) ist der Jom Kippur des Neuen Bundes"? Inwiefern ist die Bezeichnung etwas ungenau? (Siehe auch die Erklärungen zu V. 14.)

4. Über die Vergänglichkeit des Menschen wird heute oft gesprochen. Was verbindet der Hebräerbrief darüber hinaus mit dem Tod? (V. 27.)

5. Lesen Sie miteinander Psalm 90. Was klingt besonders an, wenn man vorher Hebr 9 gelesen hat?

AUSTAUSCH

(15–30 Minuten) Wählen Sie ggf. unter den Fragen aus. Sie können das Gespräch mit einem gemeinsamen Gebet abschließen.

1. Was bedeuten diese Verse für unser Gewissen? Siehe dazu die Erklärung in V. 14.

2. Wie möchten Sie sterben?

3. Welche neue Freude am Alten Testament kann hier für uns Heidenchristen (die meisten Christen in Europa sind Heidenchristen) entstehen?

4. Was hat Christus dafür getan, dass wir ihn mit Vorfreude erwarten können?

KONKRETE SCHRITTE

Entscheiden Sie, was Sie in der kommenden Woche ganz praktisch tun wollen.

1. Schauen Sie im Internet nach, was Sie zum Stichwort „Sühne" finden, machen Sie sich ein paar Notizen und versuchen Sie, alles vom Hebräerbrief her zu verstehen und zu beurteilen.

2. Was möchten Sie nach der Beschäftigung mit Hebr 9,11-28 besonders festhalten? Was möchten Sie konkret in die Praxis umsetzen – im Blick auf Ihre Einstellungen, Ihr Denken, Ihre Worte und Ihr Handeln?

In Hebr 9 geht es um den **Gottesdienst** und damit um die Mitte des Lebens Israels mit Gott. Die Dankbarkeit dafür, dass Gott Israel zu seinem Volk berufen hat, erstreckt sich auch besonders darauf, dass Gott sein Volk lehrt, wie es ihm begegnen, **ihm nahen** kann. Gott war so gnädig, seinem Volk einen besonderen Berufsstand zu schenken, der für das **Segnen** da war: die Priester. Und ebenso deutlich zeigt sich sein Gemeinschaftswille darin, dass er seinem Volk die **Opfergottesdienste** geschenkt hat, inklusive des nötigen Personals und der passenden Regularien. Das gehört zum Bund (Kap. 8). Gerade hier, im Zentrum der Gemeinschaft zwischen Gott und seinem Volk, ist durch Jesus etwas anders geworden. Wer das versteht, wird unter allen Umständen bei Jesus bleiben wollen.

In Hebr 9,1-10 geht es um **die gottesdienstlichen Ordnungen** des ersten Bundes. Erwähnt werden in V. 1-5 das Zelt der Begegnung (die „Stiftshütte") mit Vorraum und dem Allerheiligsten, Leuchter, Schaubrottisch, Räucheraltar, Bundeslade, der Krug mit Manna, der Stab Aarons, die Bundestafeln, die Cherubim – allein schon diese Aufzählung wird bei vielen Adressaten Staunen und Dankbarkeit ausgelöst haben. Der Verfasser strebt aber keine Erläuterung der Details an, sondern eine **Gesamtwürdigung** (V. 5b) im Vergleich zu dem, was durch Christus anders geworden ist. Deshalb widmet er sich in V. 6-10 den im Gottesdienst handelnden Personen, den **Priestern** und dem **Hohen Priester**. Dass der Hohepriester nur einmal im Jahr, am großen Versöhnungstag, das Allerheiligste betreten darf, weist auf eine Schranke hin: In dieser Gottesdienstordnung ist der Zugang zum Allerheiligsten, die Möglichkeit, frei zu Gott hinzutreten, noch nicht für alle und jederzeit gegeben. Auch Speisegebote und Reinigungsvorschriften sind etwas Äußerliches, bis das Neue kommt, **Platzhalter** für das, was der Messias bringt. Davon handelt V. 11-28.

V. 11. Besser und vollkommener ist, was Christus gebracht hat, die Heilsgüter, an denen er den Glaubenden Anteil gibt. Es greift sogar über die Schöpfung hinaus.

V. 12. Dem Hohen Priester öffnet **fremdes** Blut den Weg ins Heiligtum, Christus sein **eigenes**. Der immer wieder nötigen **Wiederholung** steht die letztgültige **Einmaligkeit** gegenüber, der **äußerlichen** Reinheit die **ewige** Erlösung.

Zum ersten Mal ist in V 12 vom **Blut** die Rede. Das Wort wird bis zum Ende des Kapitels 14 Mal vorkommen. Es gehört zur ersten Ordnung wie zur Messiasordnung. Der **Unterschied** liegt in der Wirkung: Das Blut des Messias hat eine „unvergleichlich größere" (14a) als das der Opfertiere. Im Hintergrund steht beide Male **3 Mo 17,11**: „Des Leibes Leben ist im Blut, und ich habe es euch für den Altar gegeben, dass ihr damit entsühnt werdet. Denn das Blut wirkt Entsühnung, weil das Leben in ihm ist" (LU).

V. 13. Der Ritus, bei dem Reinigungswasser versprengt wird, nämlich Wasser, dem **Asche einer roten Kuh** beigemischt wurde (siehe 4 Mo 19), hat die gleiche Wirkung wie der, bei dem das Blut von Böcken und Kälbern bzw. Böcken und Stieren im Opfer zum Einsatz kommt.

V. 14. Das Stichwort **„darbringen"** ist ein Hauptverb des Opfervokabulars: Ein Priester bzw. Hohepriester bringt ein Opfer dar, ein Opfertier wird dargebracht. **Hohepriester und Opfer sind hier eins** im Messias, der Hohepriester ist, und sich selbst als Opfer dargebracht hat! Dieses Opfer ist völlig makellos, und der Messias, der sich dargebracht hat, wurde **„von Gottes ewigem Geist geleitet"**. Eine auffällige Formulierung! „Steht uns dabei der eigene ewige Geist Christi vor Augen? Oder geht es um den Christus verliehenen ewigen Gottesgeist? Oder denkt der Prediger daran, dass Christus aus der Sphäre des Geistes kommt und den Geist besitzt?" (Rose, 140). Die NGÜ tendiert eher zur zweiten Deutung. So hat Christus „dem Willen des Vaters gemäß gehandelt". Was diese „seine persönliche Tat [...] annehmbar gemacht hat, war die Übereinstimmung des Hohenpriesters und Opfers mit dem Geiste, d. h. mit dem Willen und dem Rufe Gottes" (Strobel, 109).

Die **einzigartige Qualität** des Opfers wie des Opfernden bewirkt, dass die immer wieder nötige

Wiederholung der Opfer ein Ende findet – und damit der ganze auf Wiederholung aufgebaute Opferkult. Der **einmalige Jom Kippur am 7. April 30 n. Chr.** (das ist die weitaus wahrscheinlichste Datierung des Todes Jesu) macht eine Wiederholung weder nötig noch möglich. „Einmalig" bedeutet hier „ein für alle Mal" (Hebr 9,7.26-28; 10,2). Das Opfer Jesu gilt „immer und ewig" (Hebr 9,12). Im Unterschied zum Jom Kippur in 3 Mo 17 wird hier kein in Zukunft einzuhaltender Feiertag angeordnet, aber Gott schafft Fakten, die den Jom Kippur erfüllen und überbieten und endgültig die Zukunft bestimmen.

In V. 9 hatte der Verfasser gesagt, die Opfer der ersten Ordnung seien nicht in der Lage gewesen, das **Gewissen** des Opfernden „zur Ruhe zu bringen". Das greift der Verfasser in V. 14 kontrastierend auf: Das Opfer des Christus reinigt bis ins Innerste und befreit das Gewissen. Damit öffnet es die Tür zum lebendigen Gottesdienst des tatsächlich gelebten Lebens (vgl. Lk 1,75).

V. 15. Es ist also berechtigt, Christus „Mittler" (LU) zu nennen. **„Mittler"** ist ein im Neuen Testament seltenes Wort (Gal 3,19.20; 1 Tim 2,5; Hebr 8,6; 9,15; 12,24), zugleich aber ein Beleg dafür, dass auch selten vorkommende Wörter sehr wichtig sein können. Der neue Bund gründet sich auf eine Erlösung (apolýtrosis), einen Loskauf. Die Losgekauften werden nun zu Erben eines unvergänglichen Erbes!

V. 16-28. Das griechische Wort *diathéke* kann, anders als das hebräische *berít*, nicht nur **„Bund"**, sondern auch **„Testament"** bedeuten. Diese zweite Bedeutung hilft, das Zustandekommen des neuen Bundes mit dem tatsächlich erfolgten Tod Christi zu verknüpfen und in einer längeren Argumentation die Bedeutung des Blutes noch einmal besonders hervorzuheben.

V. 22 nennt die **Grundregel:** Keine Vergebung ohne das Blut eines Opfers.

V. 23-24. Mit der Gegenüberstellung von **Urbild und Abbild** betont der Verfasser noch einmal: **Entscheidend ist die himmlische Wirklichkeit,** die ihre **Bodenhaftung** in dem hat, was Jesus auf Erden gelitten hat. Jesus ist auf Erden am Kreuz gestorben, aber nicht als Hohepriester in das irdische Allerheiligste gegangen, sondern in das himmlische Heiligtum. Dort setzt er sich nun unmittelbar bei Gott für uns ein. – Dieses Einsetzen ist kein Überreden eines unwilligen Gottes, den Willen seines Sohnes zu tun. Hier herrscht von Ewigkeit her engste Übereinstimmung. Wenn der Sohn beim Vater für uns eintritt, tut er genau das, was der Herzenswunsch des Vaters ist. So kommt der Heilswille des Vaters zum Zug!

V. 25-26 sind geprägt vom Gegensatz **„vielmals" – „einmal"** bzw. „ein für allemal". Das hatte der Verfasser bereits gesagt; er liebt die Wiederholung, besonders Wichtiges den Adressaten einzuprägen. **Das Einzigartige soll bei ihnen das Unvergessliche werden** – umso mehr, als es bei ihnen in Vergessenheit zu geraten droht.

V. 27-28. Anders als in unserer Gesellschaft üblich, wird Sterben nicht nur mit Vergänglichkeit verbunden, sondern schon mit **Gericht** (vgl. schon Ps 90). Sein Leben schließlich vor Gott verantworten zu müssen, gehört für jüdisches wie für christliches Denken zur **Würde** des Menschen. – Wieder betont der Verfasser die Einmaligkeit. Was das Kommen Christi angeht, gibt es eine „Zweimaligkeit". Sein **zweites Kommen** bringt für die Glaubenden in gewisser Weise nichts Neues, sondern das sehnlich Erwartete, das endgültige Heil.

Hebr 9 sorgt in unserer Kultur für nötigen **Nachhilfeunterricht.** Im Allgemeinen wird der Gedanke eines Opfers als uns nicht mehr zumutbar zurückgewiesen. Dieses Urteil wird oft aus einem kulturellen Überlegenheitsgefühl heraus gefällt. Man versteht dann Religion als etwas Geistiges und nicht etwas so materiell Blutiges. Weithin setzt man auch die Opfer, die im Volk Gottes gebracht wurden, mit den Opfern in anderen Kulturen gleich. Sie werden dann vergröbert und nivellierend unter dem Aspekt gesehen: Ein rachsüchtiger Gott muss durch Opfer besänftigt werden. Hier kann uns der Hebräerbrief wirksam korrigieren.

Unfertige Vorbilder

10

Hebräer 11,1-4.32-40

Bitte das Kapitel ganz lesen, auch wenn hier nur Anfang und Schluss drankommen können. Wer diese versteht, kann sich die Verse dazwischen gut selbst erarbeiten.

EINSTIEG

(15–20 Minuten) Wählen Sie bitte eine oder zwei Fragen aus.

1. In welchen Lebensbereichen reden wir von „Helden"?
2. Halten Sie den Begriff „Glaubenshelden" im Zusammenhang von christlicher Spiritualität für angemessen? Begründen Sie Ihre Ansicht.
3. Berichten Sie einander von Menschen, die Ihnen zum Vorbild wurden.
4. 1973 veröffentlichte Siegfried Lenz (1926–2014) seinen Roman „Das Vorbild". Diskutieren Sie eins der Zitate:

- „Vorbilder sind Ladenhüter einer anmaßenden Pädagogik. Wir müssen sie in den Giftschrank schließen."
- Vorbilder: „in unserem Gedächtnis festgefrorne Ungeheuer, die uns zur Heldenverehrung drängen. Strahlende Angstmacher, schlimme Autoritäten, die die Selbstentwicklung verhindern."
- „Vorbilder sind doch nur eine Art pädagogischer Lebertran, den jeder mit Widerwillen schluckt, zumindest mit geschlossenen Augen. Die erdrücken doch den jungen Menschen, machen ihn unsicher und reizbar, und fordern ihn auf ungeziemende Weise heraus. Vorbilder im herkömmlichen Sinn, das sind doch prunkvolle Nutzlosigkeiten, Fanfarenstöße einer verfehlten Erziehung, bei denen man sich die Ohren zuhält."

Was Glaube ist

BIBELTEXT

1 Was ist denn der Glaube? Er ist ein Rechnen mit der Erfüllung dessen, worauf
man hofft, ein Überzeugtsein von der Wirklichkeit unsichtbarer Dinge.
2 Weil unsere Vorfahren diesen Glauben hatten, stellt Gott ihnen in der
Schrift ein gutes Zeugnis aus.

Auswirkungen des Glaubens: Beispiele und Vorbilder aus alttestamentlicher Zeit

3 Wie können wir verstehen, dass die Welt durch Gottes Wort entstanden ist?
Wir verstehen es durch den Glauben. Durch ihn erkennen wir, dass das Sicht-
bare seinen Ursprung in dem hat, was man nicht sieht.

4 Wie kam es, dass Abels Opfer Gott besser gefiel als das von Kain? Der
Grund dafür war Abels Glaube. Weil Abel Gott vertraute, nahm Gott seine
Gaben an und stellte ihm damit das Zeugnis aus, dass er vor ihm bestehen
konnte. Und durch seinen Glauben redet Abel heute noch zu uns, obwohl er
längst gestorben ist.

...

32 Wie viele andere Beispiele wären noch zu nennen! Die Zeit fehlt mir, um
auf Gideon und Barak einzugehen, auf Simson und Jiftach, auf David und
Samuel und auf die Propheten. 33 Was haben Menschen wie sie durch ihren
Glauben nicht alles zustande gebracht! Sie zwangen Königreiche nieder, sie
sorgten für Recht und Gerechtigkeit, sie erlebten die Erfüllung von Zusagen,
die Gott ihnen gemacht hatte, sie hielten Löwen das Maul zu, 34 sie blieben
mitten im Feuer unberührt von den Flammen, sie entkamen dem tödlichen
Schwert, sie wurden, wo es ihnen an Kraft fehlte, von Gott gestärkt, sie er-
wiesen sich als Helden im Kampf, sie schlugen feindliche Heere in die Flucht.
35 Es kam sogar vor, dass Frauen, die Gott vertrauten, ihre verstorbenen Ange-
hörigen zurückerhielten, weil Gott sie wieder lebendig machte.

Andere, die auch Gott vertrauten, ließen sich lieber zu Tode foltern, als
sich von Gott loszusagen, obwohl sie dadurch freigekommen wären. Sie wa-
ren bereit, ihr irdisches Leben zu verlieren, um durch die Auferstehung ein
besseres Leben zu erhalten. 36 Manche mussten sich verspotten und auspeit-
schen lassen, manche wurden gefesselt und ins Gefängnis geworfen. 37 Sie
wurden gesteinigt, sie wurden zersägt, sie wurden mit dem Schwert hinge-
richtet. Heimatlos zogen sie umher, in Schaf- und Ziegenfelle gehüllt, Not lei-
dend, verfolgt und misshandelt – 38 die Welt war es nicht wert, sie in ihrer
Mitte zu haben. Sie mussten in der Wüste und in den Bergen, in Höhlen und
in Erdlöchern Zuflucht suchen.

39 Ihnen allen stellte Gott aufgrund ihres Glaubens ein gutes Zeugnis aus,
und doch haben sie die endgültige Erfüllung dessen, was er ihnen zugesagt
hatte, nicht erlebt. 40 Gott hat für unsere Zeit etwas vorgesehen, was besser
ist als alles Frühere, und deshalb können sie erst zusammen mit uns die Voll-
kommenheit erreichen.

BIBELGESPRÄCH

(30–40 Minuten)
Wählen Sie ggf. unter den Fragen aus.

1. Zu welchen der erwähnten Personen fallen Ihnen die entsprechenden biblischen Geschichten ein?

2. Wer oder was wird in V. 32-40 erwähnt, ohne dass es im Alten Testament vorkommt?

3. Warum geht der Schreiber des Hebräerbriefs so weit in die *Vergangenheit* zurück, wenn er in der *Gegenwart* helfen will?

4. Der Verfasser betont jeweils, dass die erwähnten Personen etwas *im Glauben* getan haben. Wie gehen Sie damit um, dass dieses Stichwort in den betreffenden Berichten in der Bibel nicht vorkommt?

5. Was ist die Pointe der Argumentation? Siehe dazu auch die Erklärungen am Ende der V. 32-38 und V. 39.

6. Wo ist vorher im Brief schon von Glauben die Rede?

7. Welche anderen Kurzformulierungen, was Glaube ist, kennen Sie?

8. Der Verfasser könnte noch viel mehr erzählen. Sie auch? Nennen Sie zwei oder drei Beispiele aus der Bibel, die hier auch passen würden, V. 32.

9. Wie muss man sich das vorstellen, dass Gott diesen Glaubenden ein gutes Zeugnis ausgestellt hat (V. 2 und 39)?

10. Was ist mit diesen Glaubenden in der Zeit zwischen ihrem Erdenleben und der Vollendung?

11. Falls jemand im Hauskreis eine Bibel mit Apokryphen hat: Lesen bzw. überfliegen Sie 2 Makk 6,18–7,42 und ordnen Sie das Berichtete einer Aussage in Hebr 11,32-38 zu.

AUSTAUSCH

(15–30 Minuten)
Wählen Sie ggf. unter den Fragen aus. Sie können das Gespräch mit einem gemeinsamen Gebet abschließen.

1. Woran ist in unserer Gemeinde und ihren Gottesdiensten erkennbar, dass Christen über die Jahrhunderte hinweg zusammengehören?
2. Welche Rolle spielen Lebensbilder (Biografien) in meinem Leben? Welche Aspekte stellen sie in den Vordergrund?
3. Wie könnte eine glaubensfördernde christliche Erinnerungskultur aussehen und gepflegt werden?
4. Was passiert, wenn zwischen der Zeit der Bibel und unserer Gegenwart eine unausgefüllte Lücke klafft?

KONKRETE SCHRITTE

Entscheiden Sie, was Sie in der kommenden Woche ganz praktisch tun wollen.

1. Fragen Sie drei Menschen verschiedenen Alters nach Biografien, die sie gefördert haben. Leihen Sie sich eine davon aus und lesen Sie sie innerhalb eines Monats.
2. Lesen Sie den ersten Petrusbrief als weiteres neutestamentliches Beispiel einer Minderheitenspiritualität.
3. Falls wir ihn im Hauskreis behandelt haben (siehe das Serendipity-Heft von Philipp Bartholomä: Die Petrusbriefe: Leben in einer nicht christlichen Gesellschaft): Sprechen Sie mit einem Hauskreismitglied darüber.
4. Informieren Sie sich über verfolgte Christen.

ERLÄUTERUNGEN

In der Briefseelsorge der **Kapitel 7 bis 9** hatte es **fast keine Ermahnungen,** keine Imperative (Aufforderungen) gegeben. Der Schreiber hatte sich ganz darauf konzentriert, den Adressaten Jesus als den Hohepriester zu zeichnen und die Eigenart seines Opfers und des neuen Bundes darzustellen.

Das ändert sich ab 10,22: „Lasst uns hinzutreten ... Lasst uns festhalten an dem Bekenntnis der Hoffnung ... lasst uns auf einander achthaben und einander anspornen ... und nicht unsere Versammlungen verlassen, sondern einander ermahnen ...“ (LU). In der Situation, in der man noch nicht sieht, dass Jesus alles untertan ist (2,6-8), in der man Widerstand erfährt und irritiert ist, was ist da Glaube? Unter diesen Umständen heißt Glaube, sein Vertrauen nicht wegwerfen (10,35), Geduld zeigen (10,36) und nicht zurückweichen (10,39).

In **11,1** wird im Gegensatz zur Meinung vieler **keine Definition** des Glaubens gegeben. Der Verfasser sagt, was im Zusammenhang seines Seelsorgeschreibens bzw. der Problematik, um die es geht, Glaube ist. Dann holt er aus dem großen

Vorrat des Alten Testaments **markante Beispiele** hervor. Diese betrachtet er nicht unter all den Aspekten, die die Bibeltexte zeigen, sondern einzig und allein unter dem Gesichtspunkt, dass sie das, was sie taten bzw. erlitten, im bzw. **durch Glauben** getan und erlitten haben. Der Schluss des Kapitels bringt die „Pointe". Sie wird oft übersehen; sie ist aber das, worauf die Argumentation und die Beispiele hinauslaufen.

In **V. 1** weichen viele **Übersetzungen** voneinander ab. Das liegt nicht am Unvermögen der Übersetzer – ihre Arbeit ist meist bewundernswert! –, sondern daran, dass das Substantiv (Hauptwort) ***hypóstasis*** im Neuen Testament nur selten vorkommt (2 Kor 9,4; 11,17 und Hebr 1,3; 3,14; 11,1), andererseits aber in antiken philosophischen Zusammenhängen von großer Bedeutung ist.

Die Formulierung, in der *Hypóstasis* vorkommt, wird u. a. so übersetzt: „festes Vertrauen auf das, was man hofft" / „Feststehen in dem, was man erhofft" / „eine Verwirklichung dessen, was man hofft" / „die feste Gewissheit, dass sich erfüllt, was Gott versprochen hat" usw.

Die zweite Formulierung, ***pragmáton élegchos*** wird übersetzt: „fest überzeugt sein von Dingen, die man nicht sieht" / „liefert den Beweis für eine Wirklichkeit" / „ist selbst der Beweis" / „ein inneres Überführtsein" / „Überzeugtsein" / „ein Nichtzweifeln" / „Überzeugung von Tatsachen" / „ein Nachweis von Dingen" / „dass es sich dem unsichtbaren Wirken Gottes aussetzt und sich von ihm prägen lässt" usw. Man könnte die Übersetzungen in zwei Gruppen aufteilen: Eine Gruppe betont ein **inneres Geschehen**, die andere das, **was von außen auf den Glaubenden zukommt**. Das Zweite entspricht dem Zusammenhang besser.

Das persönliche Vertrauen hat seinen Grund nicht in seinem Inneren. **Glaube ist nicht willkürlich.** Das war schon in 2,3-4 deutlich geworden. Das, worauf die Glaubenden hoffen, hat Gott ihnen durch sein Handeln und die Verkündigung seiner Taten nahegebracht. Es ist aber deutlich **zukunftsorientiert** (wie der ganze Hebräerbrief). Da gilt es, festen Stand zu fassen, wie ein Kletterer auf eine sichere Stelle tritt.

Von dem, was man nicht sieht, geht eine Überzeugungskraft aus, der sich der Glaubende öffnet. Gemeint ist natürlich nicht alles Unsichtbare, sondern das, was von Gott her verheißen ist. Der Glaube öffnet sich der Wirklichkeit, die dadurch nicht weniger wirklich ist, dass er sie noch nicht sieht. Die Spannung, die dadurch entsteht, hatte der Verfasser in 2,6-8 schon angesprochen.

Paulus formuliert in anderer Situation ähnlich: „Wir sehen nicht auf das Sichtbare, sondern auf das Unsichtbare. Denn was sichtbar ist, das ist zeitlich; was aber unsichtbar ist, das ist ewig. [...] Wir wandeln im Glauben und nicht im Schauen" (2 Kor 4,18; 5,7). Gerade das ist aber **das der Wirklichkeit angepasste Verhalten** und eben keine Illusion.

V. 2. Was dieses Vertrauen angeht: **Wir haben Vorfahren!** Keiner von uns fängt bei null an. Wir haben etwas davon, dass wir diese Vorfahren haben.

Auf ihr Vertrauen hat Gott reagiert. Er hat ihnen ein **gutes Zeugnis** ausgestellt, indem er es ausdrücklich gelobt hat, indem er auf ihr Gebet gehört hat, indem er sie gestärkt hat, indem er nach harten Zeiten wieder Zeiten schenkte, in denen das Glauben leichter fiel usw.

V. 3. Von der „Schöpfung aus dem Nichts" ist zum ersten Mal in den Apokryphen zum Alten Testament in 2 Makk 7,28 die Rede. Angemessener ist die Redeweise, die wir hier vorfinden: Es geht um die **Schöpfung durch das Wort Gottes.** Hier folgt Verstehen dem Vertrauen: Wir lassen uns auf die Botschaft ein, dass Gott durch sein Wort die Welt geschaffen hat. **Was wir sehen, hat seinen Grund in dem, was wir nicht sehen.** – Heute wird in der Regel umgekehrt gedacht: Das Sichtbare erhebt dadurch, dass man es sehen kann, Anspruch auf Wirklichkeit. Das Nicht-Sehbare steht unter dem Verdacht, unwirklich zu sein.

V. 4. Von 1 Mo 1 und 2 ist es nicht weit bis zur Geschichte von Kain und Abel (1 Mo 4).

Von den Opfern der beiden Brüder ist 1 Mo 4,3-5 die Rede. Dass „**Abels Opfer** Gott besser gefiel als das von Kain" ist dort formuliert mit „sah er gnädig an [...] sah er nicht gnädig an". Die Begründung „weil Abel Gott vertraute", ist eine **sinngemäße Interpretation des Kontextes.** Der Reaktion Kains, von Gott als unfrommes Zürnen bewertet, muss bei Abel ja eine positive, fromme Haltung entsprechen: Glauben.

Abel redet noch, obwohl er schon vor langer Zeit gestorben ist. Sicher, weil die Begebenheit in der Heiligen Schrift berichtet wird. Aber es ist auch zu beachten, was Jesus den Sadduzäern gegenüber von Abraham, Isaak und Jakob sagt: **„Gott aber ist nicht ein Gott der Toten, sondern der Lebenden**; denn ihm leben sie alle" (Lk 20,38, LU).

Wir sind eine **Vertrauensgemeinschaft quer durch die Jahrhunderte hindurch** und keine geistlichen Eintagsfliegen. Unsere älteren längst verstorbenen Geschwister gehen uns etwas an, sie sind unsere Ermutiger!

V. 32-38. Abel, Henoch, Noah, Abraham: Sie verbindet nicht nur, dass sie Glaubende sind, sondern dass noch nicht eingetroffen war, was ihnen zugesagt war! (V. 13). Ein Aspekt, unter dem man die Frage nach Vorbildern des Glaubens selten bedenkt! Als Wartende, Gäste und Fremde sind sie unterwegs zur großen Freude. **Abraham, Isaak, Jakob, Josef, Mose**: Von ihnen gilt das Gleiche (V. 17-30). Und auch die Prostituierte **Rahab** darf und muss in diesem Zusammenhang genannt werden (V. 31). Wartend sind sie unterwegs; **glauben heißt, Ausschau halten**.

Der Verfasser hat noch immer nicht genug, er schöpft aus einem **großen Vorrat**. Sein Brief hätte noch deutlich länger werden können. Wenn es um die Ermutigung durch Vorbilder geht, die noch unterwegs sind, darf man nicht kleckern, da muss man klotzen!

Man könnte ja noch die Gideongeschichte erzählen (Ri 6,11–8,35), von Barak reden (Ri 4,6–5,31) von Simson und Jiftach (Ri 13,1–16,31), die lange Davidsgeschichte und die von Samuel neu lesen (1 Sam 1,1–1 Kön 2,12), auch die Propheten bieten da reichlich Stoff. Das **Fazit** wäre ein **Staunen**: Was haben die alle im Glauben zustande gebracht! In V. 33-38 lässt sich manches mit biblischen Formulierungen belegen.

„Sie zwangen Königreiche nieder" (V. 33) passt zu Baraks Sieg über Sisera (Ri 4,15-16), Gideons Sieg über Midian (Ri 7,22ff) und Jiftachs Sieg über die Ammoniter (Ri 11,33). Die **„Sorge für Recht und Gerechtigkeit"** (V. 33) wird in 2 Sam 8,15 und Ps 14,2 (Septuaginta) erwähnt. Simson zerreißt einen jungen Löwen (Ri 14,6), ähnlich David (1 Sam 17,34-36) – oder sind mit **„sie hielten Löwen das Maul zu"** (V. 33) andere Begebenheiten gemeint? Elia entkam dem Schwert derer, die Propheten töteten (1 Kön 19,10), der blinde Simson wird zu einem letzten Kraftakt gestärkt (Ri 16,28), David erweist sich als Held im Kampf gegen Goliath (1 Sam 17,49ff), feindliche Heere werden u. a. in 1 Sam 17,52 und Ps 45,7 (Septuagintatext) in die Flucht geschlagen. Dass Frauen ihre verstorbenen Angehörigen zurückerhielten, berichten 1 Kön 17,19-24 (Elia bei der Witwe in Zarpath) und 2 Kön 4,32-36. Die Formulierung könnte aber nahelegen, dass es noch öfter Vergleichbares gegeben hat.

Mit Ende des Alten Testaments kommt die Liste der Glaubenszeugen aber noch nicht an ihr Ende. **V. 35b** spielt an auf den **Widerstandskampf der Makkabäer** gegen die tödliche Bedrohung des Gottesvolkes durch Antiochus Epiphanes IV. im 2. Jahrhundert v. Chr. (vgl. 2 Makk 6,18–7,42). Die folgenden Sätze sind weniger eindeutig mit uns bekannten Vorgängen zu identifizieren, sind aber sehr eindrücklich. Vielleicht helfen 2 Chr 36,16; Jer 20; 37; 38; 2 Chr 24,21 und Mt 23,35 und 37 weiter. Dass jemand um seines Glaubens willen **zersägt** wurde, ist nur von **Jesaja** berichtet, allerdings in einer Schrift aus nachchristlicher Zeit. Doch dürfte diese spezielle Geschichte damals schon lange überliefert gewesen sein. Im Martyrium des Jesaja 5,11-14 heißt es, Jesaja sei mit einer Baumsäge zersägt worden, während Lügenpropheten ihrer Schadenfreude freien Lauf ließen. Vorher sei der Prophet zum Widerruf seiner Worte aufgerufen worden. Er habe sich aber geweigert und seine Ankläger verflucht. Gottes Heiliger Geist habe ihm bis zum letzten Augenblick beigestanden. – Von **Hinrichtungen mit dem Schwert** wird in 1 Kön 19,10 und Jer 26,23 berichtet. Was hinter den anderen Formulierungen steht, ist weniger deutlich, bis auf das Sich-Verstecken in Höhlen (Ri 6,2; 1 Sam 13,6 und1 Kön 18,4).

Nach all diesem Reichtum an Zeugen stellt sich die Frage nach der **Pointe des Ganzen.** Sie wurde bereits in V. 13 angedeutet, wird jetzt aber betont ans Ende der Ausführungen gestellt.

V. 39 greift die Formulierung von V. 2 auf und formuliert den Kontrast: **einerseits ein gutes Zeugnis, andererseits steht das Zugesagte noch aus.** Auch bei den Adressaten steht das Zugesagte noch aus, aber auch Ihnen möchte Gott ein gutes Zeugnis ausstellen. Dafür kämpft der Verfasser.

V. 40. Weil das Verheißene alles Frühere weit überragt, ist es wichtig, dass alle dieses Ziel erreichen.

Gott will sein Volk, seine Gemeinde als Ganzes, als Gemeinschaft vollenden. Quer durch die Jahrhunderte hindurch sammelt Gott seine Gemeinde. Christen gehören mit ihren Vorfahren im Glauben, der „Gemeinde der Erstgeborenen" (12,23), eng zusammen. Es gibt nichts Wichtigeres, als zusammen zu Jesus aufzuschauen und in widerstandsfähiger Geduld den Kampf des Glaubens durchzustehen (12,1-2).

11 Gelingende Erziehung

Hebräer 12,1-15

EINSTIEG

(15–20 Minuten)
Wählen Sie bitte eine oder zwei Fragen aus.

1. Viele Leute sagen: „Das Leben ist ein Kampf." Wenn das so ist, wie kann man mit dieser Tatsache gut umgehen?

2. Was gehört zu einer guten Erziehung?

3. Pro und Kontra „Disziplin". Führen Sie eine Kurzdebatte.

4. Die Zeile „Das Leben ist nicht fair" aus dem Lied „Der Weg", das Herbert Grönemeyer 2002 seiner verstorbenen Frau widmete, wurde schnell berühmt. Nennen Sie Beispiele für diesen Satz, gerne auch aus Ihrem eigenen Erfahrungsbereich.

5. „Mit zwanzig war ich voller Ideale, mit fünfzig war ich Skeptiker. Die Bitterkeit hat mich eingeholt." Worüber möchten Sie mit einem Menschen reden, der das von sich sagt?

BIBELTEXT

Im Kampf des Glaubens auf Jesus blicken

1 Wir sind also von einer großen Schar von Zeugen umgeben, deren Leben uns
zeigt, dass es durch den Glauben möglich ist, den uns aufgetragenen Kampf
zu bestehen. Deshalb wollen auch wir – wie Läufer bei einem Wettkampf –
mit aller Ausdauer dem Ziel entgegenlaufen. Wir wollen alles ablegen, was
uns beim Laufen hindert, uns von der Sünde trennen, die uns so leicht gefan-
gen nimmt, 2 und unseren Blick auf Jesus richten, den Wegbereiter des Glau-
bens, der uns ans Ziel vorausgegangen ist. Weil Jesus wusste, welche Freude
auf ihn wartete, nahm er den Tod am Kreuz auf sich, und auch die Schande,
die damit verbunden war, konnte ihn nicht abschrecken. Deshalb sitzt er jetzt
auf dem Thron im Himmel an Gottes rechter Seite.

3 Wenn ihr also in der Gefahr steht, müde zu werden, dann denkt an Jesus!
Wie sehr wurde er von sündigen Menschen angefeindet, und wie geduldig
hat er alles ertragen! Wenn ihr euch das vor Augen haltet, werdet ihr nicht
den Mut verlieren.

Gott erzieht uns wie ein Vater seine Kinder

4 Bisher habt ihr in dem Kampf gegen die Sünde, den wir alle zu führen haben
und in dem auch ihr steht, noch nicht das Leben lassen müssen. 5 Außerdem
dürft ihr jenes ermutigende Wort in der Schrift nicht vergessen, das an euch
als Gottes Kinder gerichtet ist.

„Mein Sohn“, heißt es dort,
„lehne dich nicht dagegen auf,
wenn der Herr dich mit strenger Hand erzieht!
Lass dich nicht entmutigen,
wenn er dich zurechtweist!
6 Denn wen der Herr liebt,
den erzieht er mit der nötigen Strenge;
jeden, den er als seinen Sohn annimmt,
lässt er auch seine strafende Hand spüren.“

7 Wenn ihr also Nöte durchmachen müsst, dann seht darin Gottes Absicht,
euch zu erziehen. Er macht es mit euch wie ein Vater mit seinen Kindern. Oder
gibt es einen Sohn, der von seinem Vater nicht mit strenger Hand erzogen
wird? 8 Mit allen seinen Kindern ist Gott auf diese Weise verfahren. Wenn er
euch *nicht* erziehen würde, würde das heißen, dass ihr gar nicht seine recht-
mäßigen Kinder seid.

9 Und überlegt euch auch Folgendes: Unsere leiblichen Väter haben uns
mit der nötigen Strenge erzogen, und wir hatten Respekt vor ihnen. Müssen
wir uns da nicht noch viel mehr *dem* Vater unterordnen, der allen Wesen Geist
und Leben gibt? Denn sich ihm unterzuordnen bedeutet wahres Leben. 10 Un-
sere leiblichen Väter haben uns nur eine verhältnismäßig kurze Zeit erzogen,
und zwar so, wie es ihren Vorstellungen entsprach. Gott aber weiß wirklich,
was zu unserem Besten dient; er erzieht uns so, dass wir an seiner Heilig-
keit Anteil bekommen. 11 Mit strenger Hand erzogen zu werden tut weh und
scheint zunächst alles andere als ein Grund zur Freude zu sein. Später je-
doch trägt eine solche Erziehung bei denen, die sich erziehen lassen, reiche
Früchte: Ihr Leben wird von Frieden und Gerechtigkeit erfüllt sein.

Gemeinsames und entschlossenes Vorgehen

12 Darum stärkt die müden Hände und eure zitternden Knie 13 und lenkt eure
Schritte entschlossen in die richtige Richtung! Denn die lahm gewordenen
Glieder dürfen sich nicht auch noch ausrenken, sondern sollen wieder heil
werden.

14 Bemüht euch mit ganzer Kraft um Frieden mit jedermann und richtet
euch in allem nach Gottes Willen aus! Denn ohne ein geheiligtes Leben wird
niemand den Herrn sehen.

15 Achtet darauf, dass niemand sich selbst von Gottes Gnade ausschließt!

Lasst nicht zu, dass aus einer bitteren Wurzel eine Giftpflanze hervorwächst, die Unheil anrichtet; sonst wird am Ende noch die ganze Gemeinde in Mitleidenschaft gezogen.

BIBELGESPRÄCH

(30–40 Minuten)
Wählen Sie ggf. unter den Fragen aus.

1. „Lasst uns aufsehen auf Jesus“ gehört zu den Goldenen Worten, die man auf christlichen Postkarten und Plakaten finden kann. Warum ist diese Ermahnung gerade hier nötig?

2. Inwiefern ist Jesus Vorbild, inwiefern mehr als ein Vorbild?

3. Was haben die Adressaten bisher erlitten, V. 4? Siehe 6,10; 10,32-36 und 13,7.

4. „An seiner Heiligkeit Anteil bekommen“: Was löst diese Formulierung bei Ihnen aus, V. 10? Was löst die Formulierung in Vers 14b bei Ihnen aus?

5. Vers 12-15: Hier zeigt sich noch einmal der motivierende Charakter des Hebräerbriefs (siehe 13,22). Versuchen Sie jetzt, wo Sie den Hebräerbrief schon recht gut kennen, eine zweifache Zusammenfassung: Wovon ruft der Hebräerbrief weg? Wozu will er veranlassen?

AUSTAUSCH

(15–30 Minuten)
Wählen Sie ggf. unter den Fragen aus. Sie können das Gespräch mit einem gemeinsamen Gebet abschließen.

1. Kennen Sie Situationen, in denen Sie bei Gott dunkle Motive vermuten? Wie können wir da einander helfen?

2. Was waren die schwierigsten Erfahrungen in Ihrem Christsein?

3. Welche Krisenzeiten haben uns im Glauben vorwärtsgebracht?

4. Wie können wir aufeinander achten, ohne einander in einem negativen Sinn zu überwachen?

5. Was für eine „Gemeindekultur“ wird uns hier empfohlen?

1. Markieren Sie in Ihrer Bibel alle Hebräerbriefstellen, in denen es um das Sehen oder die Augen geht und schauen Sie zwei Minuten in einer Konkordanz nach, ob es zu „sehen" in der Bibel viele oder wenige Stellen gibt.

2. Was möchten Sie nach der Beschäftigung mit Hebr 12,1-15 besonders festhalten? Was möchten Sie konkret in die Praxis umsetzen – im Blick auf Ihre Einstellungen, Ihr Denken, Ihre Worte und Ihr Handeln?

KONKRETE SCHRITTE

Entscheiden Sie, was Sie in der kommenden Woche ganz praktisch tun wollen.

ERLÄUTERUNGEN

Hebr 11 hatte viele unfertige Vorbilder präsentiert. Nun konzentriert Kap. 12 die Aufmerksamkeit der Adressaten auf Jesus, den Anfänger und Vollender des Glaubens. In Analogie zu seinem Kampf, den er schon vollendet hat (vgl. Joh 19,30 „Es ist vollbracht"), kann Christsein unter schwierigen Umständen als Gemeinschaft (beachte die „Wir"- und „Uns"-Formulierungen) gelebt werden.

V. 1-3. Den **„Blick auf Jesus richten"**, „aufsehen auf Jesus" (**V. 2**) – das müsste man doch keiner christlichen Gemeinde raten müssen! Wenn etwas selbstverständlich ist, dann doch dieses! Aber das Selbstverständliche ist hier längst nicht mehr selbstverständlich. Werden die Adressaten Christen bleiben? – Wenn Jesus unser Hohepriester ist, dann gibt es zu ihm schlechthin keine Alternative. Insgesamt ähnelt der Hebräerbrief dem Wort des Petrus, als Jesus die Jünger fragt: „Wollt ihr auch weggehen?" „Herr, zu wem sollten wir denn gehen? Nur du hast Worte des ewigen Lebens" (Joh 6,67-69, Übs. EH). Zeile für Zeile predigt der Hebräerbrief den **alternativlosen Jesus Christus**.

V. 1. Eine **„Wolke von Zeugen"**, nicht nur hier und da mal einer, sondern ein dichtes Gewimmel und Gewölk, eine unübersehbare Zahl von Zeugen motiviert, alles zu tun, was nötig ist, um den Kampf des Glaubens bis zum Schluss durchzuhalten. Christsein bleibt **Kampf**, bis zuletzt. Aber wir sind nicht allein; andere haben diesen Kampf auch schon gekämpft. – Der Kampf ist uns von Gott verordnet. Wir haben ihn nicht willkürlich gewählt. Wenn Gott ihn verordnet hat, ist klar, dass er nicht mit unserem Scheitern enden soll. Er hat einen positiven Sinn.

Unter den Widerständen nennt Hebräer in V. 1 und 4 die **Sünde**; das Wort kommt im Hebräerbrief im Griechischen insgesamt 25-mal vor. Wir haben es nicht nur mit Druck von außen zu tun, sondern sind selbst Teil des Problems: Die Sünde umstrickt und lähmt uns.

Der Kampf ist ein **Lauf**, länger als ein Marathonlauf. Da wäre es sinnlos, Unnötiges mitzuschleppen. Alles ist willkommen, was das Laufen erleichtert und die Fitness fördert. Nicht nur die Sünde soll abgelegt werden, sondern alles, was beschwert. Der Hebräerbrief ist ein **„Lauf-leichter-Brief"**.

Er ist zugleich ein **„Blickwechsel-Brief"**. Wegsehen von uns selbst und unbedingt den Blick auf Jesus wiedergewinnen.

V. 2. Nur hier im NT wird Jesus **„Wegbereiter des Glaubens**, der uns ans Ziel vorangegangen ist**"**, genannt (NGÜ), „Anfänger und Vollender des Glaubens" (LU).

Das heißt zuerst: Er war schon vor uns am Start und ist bereits ins Ziel eingelaufen. Es heißt aber auch: Das hat er unsertwegen getan; er hat eine Gemeinde, die soll hinter ihm hergehen und auch ans Ziel kommen (vgl. noch einmal 2,1). Gott will das und er kann das (Phil 1,6).

V. 3. Wir sollen deshalb einen **Analogieschluss** (**V. 3** im Griechischen) ziehen und auch ins Ziel weiterlaufen, statt vorher schlappzumachen.

Jesu Weg war einer, auf dem er **Schande** erlitt, schon auf dem Weg zum Kreuz und erst recht am Kreuz. Mt 27,29.41; Mk 15,20.31; Lk 23,11.35.36 berichten, wie Jesus verspottet wurde. In der Antike war die Kreuzigung eine besonders schändliche Todesart.

Das zu ertragen, erforderte **Weitblick**: Jesus hat auf die **Freude** geschaut, die hinterher auf ihn wartete. Zu dieser Freude gehört auch die Vollendung der Gemeinde (11,40).

Wie Jesus sollen auch wir uns benehmen. Müde zu werden und in der Seele schlappzumachen, ist dazu wirklich keine Alternative.

V. 4-11. Wenn es schwierig wird, kommt es darauf an, **wie man die Lage deutet**. Mehrfach hatte der Brief kurz die Schwierigkeiten gestreift (siehe vor allem 10,32-36). Ausführlichkeit war nicht nötig; die Adressaten hatten das ja selbst erlebt. Wir heute wüssten gern Genaueres. Das Extremste ist noch nicht passiert.

Gut jüdisch und gut christlich geht der Verfasser davon aus: Die Lage kann noch so schwer sein, **irgendwie steckt Gott da mit drin**. Und wenn wir wissen, wie, dann können wir uns so verhalten, dass das Ganze einen positiven Ertrag bekommt. Es geht hier also nicht in erster Linie um Kindererziehung, sondern um Erwachsene, um **Einsicht in die Eigenart des Glaubenskampfes** einer unter Druck geratenen, irritierten Minderheit. Die Erziehungsaussagen wollen, dass die müden Hände und die zittrigen Knie gestärkt werden und wieder tapfere Schritte geradeaus möglich werden.

V. 4-11 kommt das **„Pädagogikwortfeld“** so konzentriert vor wie sonst nie im NT (8 von 21 Stellen). Der Verfasser bezieht sich aber nicht auf das Erziehungsdenken der griechischen Antike, sondern zitiert **Spr 3,11.12**, nicht zufällig eine Stelle aus einem Weisheitsbuch. Weisheit will lebenstauglich machen; sie ist ins Gelingen des Lebens verliebt. In der Kraft der Furcht Gottes (Spr 1,7) macht sie widerstandsfähig und ausdauernd. Erziehung ist in diesem Zusammenhang ***„musar“*****, Züchtigung, Zurechtweisung**.

Es geht um ein Verhalten Gottes, das die Vater-Sohn- (Vater-Kind-) Beziehung gerade hier als positives, der Situation angemessenes und die Kinder förderndes Verhalten sieht. Diese Art von Erziehung ist ein **Echtheitsbeweis einer guten Vaterschaft**.

Charakteristisch sind folgende Aspekte:

- Es wird etwas erfahren, das man nicht gern erfahren möchte (V. 11). Das schmerzt und könnte entmutigen, sodass man sich auflehnt und dem Erzieher schlechte Motive unterstellt. Er hat aber überaus gute Motive. Er mag seine Kinder sehr.
- Wir sind nicht so, dass man bei uns ohne schmerzhafte Korrekturen auskommt, auch nicht im Glaubensleben. Die Irritation der Adressaten mag vordergründig vielleicht verständlich sein, ist aber letztlich nicht angemessen.
- Der Vergleich mit unseren leiblichen Vätern zeigt, dass Gott, der Vater, der bessere Erzieher ist. Unsere leiblichen Väter haben uns erzogen, „wie es ihren Vorstellungen entsprach“ (V. 10). Das waren neben guten auch fragwürdige Vorstellungen, in denen die Grenzen unserer Väter deutlich wurden.
- Wichtig ist die Unterscheidung von jetzt und nachher. Es gibt ein Nachher, das ist so, dass es den Kampf der Gegenwart, „Trauer und Betrübnis der Züchtigung“ zu bestehen lohnt.
- Man muss auf die Ergebnisse achten. Hier entstehen Friede und Gerechtigkeit (V. 11). Deshalb ist nicht Frust und Auflehnung angesagt; sondern Freude (V. 11). An Gottes „Heiligkeit Anteil zu bekommen“ (V. 10) ist ein Erziehungsziel, das sich nicht mehr überbieten lässt.
- Es geht also wirklich um ein „ermutigendes Wort“ (V. 5). Im Griechischen steht *paráklesis*, Trost, Ermutigung, Motivation. Das passt zum Brief als Ganzem, der ein „Wort der Ermutigung“, Briefseelsorge, sein will (13,22).

V. 12-15. Die nun folgenden **Imperative** (Befehle) und **Selbstaufforderungen** (Kohortative) sind durch V. 4-11 und durch die Christusbotschaft des Hebräerbriefs insgesamt bestens begründet und überhaupt nicht „gesetzlich“. Sie setzen nicht unter Druck, sondern stärken.

Wenn das so ist, wie in V. 4-11 dargestellt – und es ist so! –, dann ist es das Sinnvollste, dann stärkt eure müden Hände und zitternden Knie ...

Sicher geht das jeden Einzelnen persönlich an, aber der Verfasser ist kein moderner Individualist. Er hat die **konkrete Gemeinschaft** vor Augen.

Bitterkeit ist eine ihrer Hauptgefahren. Da kann aus einem kleinen Pflänzchen schnell etwas wachsen und wuchern, das einem die Gemeinde und den Glauben verleidet. Die Gemeinde Jesu braucht eine gute **„Bitterkeitsprophylaxe"**. Die kann der Hebräerbrief liefern.

„Geht so miteinander um, dass die Müdigkeit und das Kniezittern aufhören und ihr wieder ohne Bitterkeit miteinander den guten Weg hinter Jesus hergehen könnt."

Quellennachweise

Otto Michel: *Der Brief an die Hebräer.* KEK XIII, Göttingen ^{13}1975

Christian Rose: *Der Hebräerbrief.* In: Die Botschaft des Neuen Testaments, hrsg. von Walter Klaiber, Göttingen ^{2}2021

August Strobel: *Der Brief an die Hebräer.* NTD 9/2, Göttingen ^{13}1992

Gordon D. Fee und
Douglas Stuart

Effektives Bibelstudium

Die Bibel verstehen und auslegen

384 Seiten, gebunden
ISBN 978-3-7655-0602-4

„Die Bibel – ein Buch mit sieben Siegeln? Dieses altbekannte Vorurteil wird auf jeder Seite dieses Buches widerlegt. Bibellesen wird spannend, wenn man die Texte richtig versteht und weiß, wie sie auszulegen und anzuwenden sind. Was hat der Text seinen ursprünglichen Lesern gesagt? Und was bedeutet er für uns heute? Um diese zwei Fragen zu beantworten, muss man wissen, was für einen Text man vor sich hat: Ein Gedicht ist kein historischer Bericht, und ein historischer Bericht ist kein für alle Zeiten verbindlicher Gesetzestext. Evangelien, Gleichnisse, Offenbarung – ‚Effektives Bibelstudium' stellt die verschiedenen Textgattungen der Bibel vor und zeigt anschaulich, wie sie zu verstehen sind. Das Buch, das man braucht, um die ‚sieben Siegel' der Bibel zu brechen – damit Bibellesen Freude bringt und nicht in die Irre führt."

Otto Ziegelmeier auf theology.de

LEBENDIGE
KLEINGRUPPEN

In der Reihe SERENDIPITY**BIBEL** sind bisher erschienen:

Abraham
ISBN 978-3-7655-0791-5

Josef (PDF-Download)
ISBN 978-3-7655-7734-5

Die Zehn Gebote
ISBN 978-3-7655-0819-6

David (PDF-Download)
ISBN 978-3-7655-7759-8

Elia
ISBN 978-3-7655-0798-4

Nehemia (PDF-Download)
ISBN 978-3-7655-7764-2

Hiob (PDF-Download)
ISBN 978-3-7655-7735-2

Psalmen**
ISBN 978-3-7655-0809-7

Weisheit der Bibel
Sprüche* und Prediger**
ISBN 978-3-7655-0776-2

Jesaja (PDF-Download)
Jesaja 1–12
ISBN 978-3-7655-7765-9

Hosea (PDF-Download)
ISBN 978-3-7655-7758-1

Gottesbegegungen im Alten Testament
ISBN 978-3-7655-0772-4

Frauen im Alten Testament
ISBN 978-3-7655-0777-9

Der verheißene Retter
Jesus durch das Alte Testament kennenlernen
ISBN 978-3-7655-0799-1

Die Ich-bin-Worte*
Jesus über sich selbst
ISBN 978-3-7655-0825-7

Die Gleichnisse
ISBN 978-3-7655-0781-6

Die Bergpredigt*
ISBN 978-3-7655-0827-1

Begegnung mit Jesus*
Stationen seines Wirkens
ISBN 978-3-7655-0821-9

Die Wunder*
ISBN 978-3-7655-0820-2

Das Matthäusevangelium*
978-3-7655-0837-0

Das Markusevangelium*
ISBN 978-3-7655-0829-5

Die Apostelgeschichte*
ISBN 978-3-7655-0830-1

Der Brief an die Römer*
ISBN 978-3-7655-0822-6

Der Brief an die Galater*
ISBN 978-3-7655-0834-9

Epheserbrief/Philipperbrief*
ISBN 978-3-7655-0823-3

Kolosserbrief/Philemonbrief*
ISBN 978-3-7655-0831-8

Die Briefe an die Thessalonicher*
ISBN 978-3-7655-0832-5

Die Briefe an Timotheus und Titus*
ISBN 978-3-7655-0835-6

Der Hebräerbrief*
ISBN 978-3-7655-0833-2

Der Jakobusbrief*
ISBN 978-3-7655-0810-3

Die Petrusbriefe*
ISBN 978-3-7655-0778-6

Die Offenbarung*
ISBN 978-3-7655-0824-0

Der Heilige Geist*
ISBN 978-3-7655-0828-8

Das Vaterunser
ISBN 978-3-7655-0773-1

Die Ihr-seid-Worte*
ISBN 978-3-7655-0808-0

SERENDIPITY**THEMA**

Gerecht vor Gott* (PDF-Download)
Schlüsseltexte des Glaubens
ISBN 978-3-7655-7757-4

Der Gott, der uns nah ist*
Mit allen Sinnen Gott begegnen
ISBN 978-3-7655-0806-6

Muslime verstehen*
Wie Begegnung gelingen kann
ISBN 978-3-7655-0817-2

Das Geschenk des Glaubens feiern*
Von Advent bis Ewigkeitssonntag
ISBN 978-3-7655-0818-9

Gute Gründe für den Glauben*
Apologetik: Überzeugend für Gott argumentieren
ISBN 978-3-7655-0838-7

Von Gottes Großzügigkeit inspiriert*
Segen empfangen und weitergeben
ISBN 978-3-7655-0839-4

Die mit * gekennzeichneten Hefte verwenden den Bibeltext der „Neuen Genfer Übersetzung" (NGÜ), alle anderen den Text der Übersetzung „Hoffnung für alle";
** Text aus Lutherbibel.

FSC
www.fsc.org
MIX
Papier | Fördert gute Waldnutzung
FSC® C083411

Zeitfracht Medien GmbH
Ferdinand-Jühlke-Straße 7
99095 Erfurt, Deutschland
produktsicherheit@kolibri360.de